Renate Schmidt
Lasst unsere Kinder wählen!

Renate Schmidt

# Lasst unsere Kinder wählen!

Kösel

Copyright © 2013 Kösel-Verlag, München,
in der Verlagsgruppe Random House GmbH
Umschlag: Weiss Werkstatt, München
Druck und Bindung: GGP Media GmbH, Pößneck
Printed in Germany
ISBN 978-3-466-37091-7

www.koesel.de

Dieses

Buch

ist

Johanna,

Mona,

Hannah,

Eva,

Gabriel

und

Emilian

gewidmet.

# Inhalt

# Statt eines Vor-wortes

Im Jahr 2012 habe ich für eine Essay-Reihe der Frankfurter Rundschau und des Nordwestradio einen Beitrag verfasst, einen fiktiven Brief an meine jüngste Enkelin, datiert auf Neujahr 2042.

*Liebe Enkelin,*

*dieses Jahr wirst Du 30 und ich kurz danach 99. In meinem Alter weiß man nicht so genau, ob man den nächsten Tag noch erlebt, deshalb dieser Brief. Obwohl: Es gibt in der Zwischenzeit so viele, die noch älter sind, sodass die Bundespräsidentin längst nicht mehr zum 100. gratuliert, weil sie dann tagelang unterschreiben müsste. Ich schreibe Dir diesen Brief aber auch, weil ich mir einiges von der Seele reden will, und auch, damit Du manches besser verstehst.*

*Als ich so alt war wie Du, war es normal, Kinder zu haben. Als Du ein Kind warst, kamen schon auf ein Kind unter 18 Jahren sechs Erwachsene – heute sind es neun. Wir hatten uns eingerichtet in einer Gesellschaft ohne Kinder. Aber um welchen Preis? Wir sind eine Altenrepublik geworden, in der das, was früher Wohlstand genannt wurde, rapide abgenommen hat. Wirtschaftswachstum in der Definition des Jahres 2011 gibt es heute nicht mehr – weil die Jungen fehlen.*

*Dass dennoch die Armut nicht zugenommen hat, ist ein Wunder – das Wirtschaftswunder Eurer Generation. Ihr habt anders als wir gelernt, nachhaltig zu wirtschaften und einen neuen ganz anderen Wohlstandsbegriff gefunden, der nicht immer nur mehr, größer, schneller bedeutet.*

Der demografische Wandel, den Du in unserer Familie leibhaftig erlebst (Urgroßmutter Schmidt mit ihren drei Kindern hat nur noch eine Urenkelin, Deine Nichte), war seit 1980 ein – vernachlässigtes – Thema. Die Berechnungen von Bevölkerungswissenschaftlern wurden belächelt, die notwendige Konsequenz nicht gezogen: die bessere Vereinbarkeit von Familie und Beruf. Jahrzehntelange ideologische Streitereien haben lange verhindert, dass es mehr und bessere Kitas gab, und die Unternehmen sahen es noch bis ins Jahr 2015 meistenteils nicht als ihre Aufgabe an, ihren Mitarbeiterinnen und Mitarbeitern das Elternsein zu erleichtern. Auch wenn sich das zu meiner Amtszeit – Du weißt, dass ich mal Politikerin war – zu ändern begann, ging das alles viel zu langsam.

Deutschland war weltweit Schlusslicht bei der Geburtenrate und gleichzeitig Schlusslicht bei der Frauenerwerbsquote. Letzteres gehört Gott sei Dank der Vergangenheit an. Heute brauchen Mütter und Väter nicht um ihren Arbeitsplatz fürchten, wenn sie sich um ihr Kind kümmern. Ich schreibe ausdrücklich Kind, denn nur die wenigsten können sich mehrere leisten. Obwohl das Renteneinstiegsalter jetzt 75 Jahre ist, sind Steuern und Sozialabgaben so hoch, dass für diejenigen, die sich doch für ein Kind entscheiden, kein finanzieller Spielraum für weitere Kinder besteht.

Etwas für Kinder durchzusetzen, das wurde zu meiner Zeit immer schwieriger. Heute ist es eine Selbstverständlichkeit, die Interessen der Minderheit der Kinder gleichwertig zu denen der Mehrheit der Alten zu sehen. Ich glaube, das liegt auch daran, dass Ihr vor 25 Jahren endlich die Grundrechte von Kindern in die Verfassung geschrieben habt und das Wahlrecht von Geburt an seit mehr als 20 Jahren Realität ist.

Mindestens so wichtig wie ein Kindergartenplatz ist für Deine Generation heute ein »Altengartenplatz«, also ein Platz in einem Alten-Tagesheim. Die Alzheimer-Krankheit ist zwar besiegt worden, die Horrorvision des Jahres 2010 von drei Millionen Pflege-heimplätzen für Demente hat sich nicht bewahrheitet. *Wir Alten werden heute in unserer Selbstständigkeit technisch hervorragend unterstützt. Ich trage ein Armband, das jede kritische medizinische Veränderung automatisch an eine Zentrale meldet, von der Hilfe kommt. Und ohne meinen kleinen Haushaltsroboter wäre ich schon längst nicht mehr selbstständig. Aber in der Generation 90+ können sich dennoch nicht mehr alle ganztags alleine versorgen.*

*Nachdem Du vielleicht für Deine Mutter und Deinen Vater und Deine Großmutter sorgen müsstest und gleichzeitig berufstätig sein musst, sind solche Tagesheimplätze trotz bezahlter Pflegezeit ein Muss. Eigentlich hätten wir sie schon früher gebraucht, aber meine Generation hat lange Zeit den Gedanken an die eigene Pflegebedürftigkeit, Behinderung und den eigenen Tod zu sehr ver-drängt.*

*Es ist schon erstaunlich, wie Ihr das alles schafft, Ihr kümmert Euch um Eure Alten und um – soweit vorhanden – Eure Kinder, geht Vollzeit Euren Berufen nach, engagiert Euch auch noch freiwillig.*

*Ihr lebt bescheiden und dabei glücklich, Verteilungskämpfe gehören der Vergangenheit an, das von Euch eingeführte bedin-gungslose Grundeinkommen hat Kinderarmut beseitigt und eine neue Altersarmut nicht entstehen lassen.*

*Dir wünsche ich zu Deinem Geburtstag, dass Du den netten jungen Mann, mit dem Du mich in letzter Zeit immer besuchst, hei-ratest, und dass Ihr Euch für Kinder entscheidet, denn Kinder sind ein großes Glück – auch für Urgroßmütter.*

*Sei umarmt von*
*Deiner Großmutter Renate*

Warum dieser Brief als Vorspann für ein Buch mit dem Titel »Lasst unsere Kinder wählen«?

Weil mich in meinem politischen und privaten Leben eigentlich immer nur die Frage bewegt hat, was muss ich tun, was kann ich tun, damit unsere Gesellschaft die Welt ein kleines bisschen besser hinterlässt, als ich sie vorgefunden habe. Im privaten Bereich mag mir das einigermaßen gelungen sein, im politischen viel zu wenig, nicht zuletzt auch deshalb, weil die Interessen von Kindern eine immer geringere Rolle spielen.

Nun gibt es dafür keinen »Königsweg«. Aber ein Wahlrecht von Geburt an, ein Wahlrecht für Kinder könnte ein Baustein für solch einen Weg sein. Ich habe den Vorschlag für ein solches Wahlrecht bereits in meinem Buch »S. O. S. Familie – ohne Kinder sehen wir alt aus« im Jahr 2002 gemacht. Es sind nun elf Jahre vergangen und seither mehrere Versuche gestartet worden, ein Kinderwahlrecht einzuführen, Generationengerechtigkeit und Kindergrundrechte in die Verfassung aufzunehmen – leider blieben alle erfolglos. Deshalb ist dieses Buch ein einseitiges, parteiisches Plädoyer für ein Wahlrecht von Geburt an:

Einseitig, weil mich die Gegenseite mit ihren Argumenten nicht zu überzeugen vermochte, parteiisch, weil ich für die heutigen und zukünftigen Kinder Partei nehme.

Mein Parteifreund, der ehemalige Präsident des Oberlandesgerichts Braunschweig, Rudolf Wassermann (1925–2008), der in der Frage des Kinderwahlrechts nicht Freund sondern Gegner war, sagte in einem Vortrag:

»Das Kinderwahlrecht ist eine Utopie: ein unausführbarer Plan ohne reale Grundlage. Es tut mir leid, dies und nichts anderes sagen zu können – leid, wenn ich an die engagierten

Frauen und Männer denke, die sich diesem Projekt verschrieben haben – und dies keineswegs – ich weiß es wohl – um ihrer Profilierung willen.

Das wird für viele eine bittere, sie schmerzende Feststellung sein. Aber Sie haben mich eingeladen, um meine Meinung zu hören und keine Laudatio zu halten. Trösten mag das Dichterwort: ›Den lieb ich, der Unmögliches begehrt‹ – ein Diktum, dem ich mich gerne anschließe.«

Ich habe in meinem Leben selten oder nie »Unmögliches begehrt« und für mich ist das Wahlrecht von Geburt an keine Utopie im Wassermann'schen Sinne, sondern ein realistisches und umsetzbares Konzept.

# Der demografische Wandel ist gegenwärtig und konkret

Eine nicht sehr lang zurückliegende Umfrage ergab, dass sich 50 Prozent der Bevölkerung unter dem »demografischen Wandel« nichts vorstellen können. Viele der übrigen meinen zudem, dass man nicht in die Zukunft schauen könne und dass es vielleicht nicht so schlimm werden wird.

Und nicht zuletzt wird auch von denen, die wissen, was der demografische Wandel bedeutet und ihn ernst nehmen gesagt »es ist fünf vor zwölf«. Nein, es ist nicht fünf vor, es ist mindestens zehn nach zwölf. Wir stecken mitten im demografischen Wandel. Dieser kommt schleichend daher und viele Indizien sprechen für ihn.

Hier eine Auswahl:

Wenn die BILD-Zeitung den Aufmacher: »Skandal: Rentenerhöhung nur 0,2 Prozent« wählen würde, könnte sie sich einer hohen Auflage ziemlich sicher sein. Der Aufmacher: »1,7 Millionen Kinder in Armut« ist eher ein Ladenhüter und Berichte darüber findet man daher – wenn überhaupt – eher im Inneren dieser und anderer Zeitungen.

Die Diskussion über Altersarmut beherrscht die öffentliche Diskussion jetzt schon über viele Monate (obwohl nur zwei Prozent der über 65-Jährigen als arm gelten), die über Kinderarmut findet nicht statt, obwohl sie 10 bis 15 Prozent der Kinder betrifft und aktueller ist, als je zuvor.

In den 60er Jahren des letzten Jahrhunderts lebten 125.000 Kinder von Sozialhilfe, derzeit sind es, je nach Wirtschafts- und Arbeitsmarktsituation, zwischen 1.700.000 und 2.200.000, die von Arbeitslosengeld II (Hartz IV) leben. Dieser Zustand hält sich nun schon seit zwei Jahrzehnten.

Unsere kinderentwöhnte Gesellschaft stört sich jedoch nicht daran. Das ist zwar bedauerlich, aber nicht verwunderlich. Denn nahezu jede und jeder Erwachsene im aktiven

Erwerbsalter hat alte Eltern, aber nur in rund zwanzig Prozent – mit abnehmender Tendenz – der Haushalte leben Kinder unter 18 Jahren.

Damit sind wir mitten drin in der Demografie und der damit einhergehenden Veränderung von Interessen: Eine nachvollziehbare Veränderung, denn alle haben als Perspektive ein hohes Alter vor sich, die Geburtenrate sinkt und wir selbst können auch nie mehr Kinder werden.

# Der demografische Wandel
## betrifft alle

Heute gibt es in Deutschland rund 41 Millionen Erwerbstätige. Bei gleichem Renteneintrittsalter von derzeit knapp
64 Jahren, bei gleicher Geburtenrate von rund 1,4 Geburten pro Frau (und Mann, denn Männer haben auch nicht
mehr Kinder als Frauen), bei gleicher Erwerbsbeteiligung von
Frauen von rund 70 Prozent und gleicher Art und gleichem
Umfang der Einwanderung nach und Abwanderung von
Deutschland, hätten wir, nach Berechnungen von Bevölkerungswissenschaftlern, im Jahr 2040 gerade mal noch 24 Millionen Erwerbstätige mit einem Durchschnittsalter von über
45 Jahren.

Was das für Forschung und Innovation bedeutet, was das
über den Arbeitsmarkt und die sozialen Sicherungssysteme
aussagt, haben wir uns bisher genauso wenig konkret vorgestellt, wie das, was es für uns selbst bedeutet.

Ich möchte im Jahr 2040 noch leben. Ich wäre dann 97

Jahre alt, meine drei Kinder 79, 77 und 70. Sollen mich dann diese drei Kinder pflegen? Es muss uns irgendwann klar werden, dass unsere eventuell vorhandenen Aktiendepots absolut ungeeignet sind, uns bei Bedarf zu pflegen, unser Immobilienbesitz uns nicht zum Arzt und zum Einkaufen fahren kann. Und auch unsere Sparguthaben sind nicht in der Lage, uns die Dienstleistungen zu bieten, die wir dann brauchen, angefangen vom Brötchen backen bis hin zur medizinischen Versorgung.

Für all das braucht man real existierende Menschen und zwar nicht irgendwo auf der Welt, in der Ukraine oder Indien, sondern hier bei uns in Deutschland. Für 2030 werden ca. drei Millionen Pflegebedürftige prognostiziert. Eine Studie der Bertelsmann-Stiftung mit einem daraus resultierenden Pflege-Atlas, kommt zu dem Ergebnis, dass dann rund eine halbe Million Vollzeitkräfte im Pflegesektor fehlen werden. Wer glaubt, dieses Problem alleine durch zusätzliche Einwanderung lösen zu können, oder neuerdings durch den »Export« der Pflegebedürftigen in ferne Länder, täuscht sich.

Bevölkerungswissenschaftler, z. B. Herwig Birg, haben errechnet, dass, wollten wir den heutigen Altersquotienten, dies ist das Verhältnis der heute über 60-Jährigen zu den heute unter 60-Jährigen, bis zum Jahr 2050 halten, bis dahin jedes Jahr eine Million Menschen zu uns einwandern müssen. Die Zahl ist deshalb so hoch, weil der Wanderungssaldo nur rund ein Viertel beträgt. Im Jahr 2009 haben sogar mehr Menschen Deutschland verlassen, als gekommen sind.

Natürlich brauchen wir gezielte, zusätzliche Einwanderung, aber immer unter Berücksichtigung, dass wir nicht in einer Art von neuem Kolonialismus Entwicklungsländern ihre fähigsten Menschen wegnehmen dürfen.

Gleichwohl muss das faktische Renteneinstiegsalter auf 67 Jahre und eventuell darüber steigen unter gleichzeitiger Akzeptanz, dass nicht wenige dies, wegen altersbedingter Erwerbsunfähigkeit, nicht erreichen werden und deshalb besser als heute abgesichert werden müssen. Natürlich kann die Geburtenrate auch bei uns wieder in Größenordnungen von Frankreich oder Skandinavien steigen. Dazu bräuchte man dreierlei: Ausreichend viel und vor allem qualitativ gute Kinderbetreuung, angefangen von Krippenplätzen über Ganztagskindertagesstätten bis hin zu Mittagsbetreuung, Horten und Ganztagsschulen. Unternehmen, die wissen, dass Familie auch Zeit braucht und ihren Mitarbeiterinnen und Mitarbeitern diese Zeit auch zur Verfügung stellen, ohne sie deshalb von Karrieremöglichkeiten auszuschließen. Gerade mal 15 Prozent aller Unternehmen haben das erkannt. Im Jahr 2012 wurden beispielsweise die Robert Bosch GmbH, die Aareon AG und die Steuerberatungs- und Wirtschaftsprüfungssozietät Döcker Wikker Lührmann im Rahmen des Wettbewerbes »Erfolgsfaktor Familie 2012« von Angela Merkel (Schirmherrin des Wettbewerbs) als die familienfreundlichsten Unternehmen 2012 ausgezeichnet. Und man braucht schlussendlich Geldleistungen, die verhindern, dass Kinder zum Armutsrisiko werden.

Aber selbst wenn die drei oben genannten Aspekte sofort verwirklicht würden und sich mehr junge Menschen ihre Kinderwünsche dadurch erfüllen würden, hätte dies erst in 20 bis 30 Jahren die ersten bescheidenen demografischen Auswirkungen.

Auch die Erwerbsbeteiligung von Frauen muss steigen und zwar nicht nur was ihre Zahl betrifft, sondern auch bezogen auf das von Frauen geleistete Arbeitsvolumen an

bezahlter Arbeit. Dieses ist seit Mitte der neunziger Jahre
nicht mehr gestiegen. Zugenommen hat zwar die Zahl erwerbstätiger Frauen, aber verursacht durch Teilzeitbeschäf-
tigung und Minijobs, abgenommen hat dagegen ihre Voll-
zeitbeschäftigung.

Durch alle vier Faktoren, zunehmende Frauenerwerbs-
tätigkeit, höheres faktisches Renteneintrittsalter, künftig stei-
gende Geburtenrate und eine vernünftige Einwanderungs-
politik können die Probleme gemildert, aber nicht beseitigt
werden.

# Von der Pyramide zum Pilz

Die ursprüngliche Alterspyramide hat sich – nomen est omen – in der Zwischenzeit in ein urnenförmiges Gebilde verwandelt und ist in Gefahr zu einem dünnstieligen Pilz zu mutieren. Denn die nicht geborenen Kinder in den letzten drei, vier Jahrzehnten können naturgemäß keine Kinder bekommen. Seit 40 Jahren ersetzt jede Generation die Generation ihrer Eltern nur zu zwei Dritteln. Gleichzeitig hat sich die Zahl der Geburten seit 1950 fast halbiert. 1950 wurden 1,1 Millionen Kinder geboren, 2010 waren es nur noch 678.000 – obwohl damals weniger Menschen in Deutschland lebten als heute. 2011 ist die Zahl der Geburten mit 663.000 auf den historisch niedrigsten Stand gesunken. Es wurden 15.000 Babys weniger als im Jahr 2010 geboren. Bereits heute hat Deutschland mit 8,1 Geburten pro 1.000 Einwohner die niedrigste Geburtenziffer auf der ganzen Welt.

Herwig Birg sagt zu Recht:
»Es wäre viel gewonnen, wenn sich in Deutschland herumspräche: Nicht die zunehmende Zahl betagter Menschen, sondern die schrumpfende der nachwachsenden Jüngeren ist die Hauptursache der demografischen Alterung und ihrer kettenartigen Folgeprobleme. Denn selbst wenn die Lebenserwartung der Deutschen wider alle Erfahrung ab heute konstant bliebe, würde sich die Relation aus der Zahl der über 60-Jährigen zu den 20- bis 60-Jährigen – der wichtigste Maßstab der Alterung, also der Altenquotient, bis 2050 verdoppeln.«

1960 haben die unter 20-Jährigen ein Drittel der Bevölkerung ausgemacht und die über 60-Jährigen ein Sechstel. In den nächsten drei bis vier Jahrzehnten wird sich dieses Verhältnis zuerst langsam, dann immer schneller umdrehen: Die unter Zwanzigjährigen werden ein Sechstel und die über Sechzigjährigen ein Drittel der Bevölkerung stellen.

In Deutschland leben derzeit etwa 17.000 Menschen, die älter als 100 Jahre sind und die Tendenz zu Hochaltrigkeit ist steigend. Ein 2013 geborenes Kind hat eine 50-prozentige Chance, das 100. Lebensjahr zu erreichen.

In Westdeutschland ist der demografische Wandel noch nicht so sehr zu spüren. In Ostdeutschland ist er jedoch schon ganz konkret: Im Jahr 1990 wurden in Sachsen-Anhalt 32.000 Kinder geboren, 2011 gerade mal die Hälfte, nämlich 16.000. In den kommenden fünf bis sechs Jahren, wird sich diese Zahl noch mal nahezu halbiert haben. Für 2017 werden aktuell 9.000 Geburten prognostiziert.

Jedes Jahr gehen in Sachsen-Anhalt 35.000 Arbeitnehmer und Arbeitnehmerinnen in den Ruhestand, aber nur 15.000 junge Menschen fangen an zu arbeiten, der Altersdurchschnitt der Belegschaften liegt bei über 50 Jahren. Damit ist Sachsen-Anhalt zwar Vorreiter, aber die anderen Bundesländer ziehen nach und Jürgen Weise von der Bundesagentur für Arbeit prophezeit, dass in absehbarer Zeit fünf Millionen Arbeitnehmer und Arbeitnehmerinnen fehlen werden.

Manch Arbeitslosen mag dies paradiesisch erscheinen, doch der Schein trügt. Es wird zwar genügend Arbeit geben, aber auch mehr als genug an Belastungen. Heute kommt auf zwei Erwerbstätige ein Rentner, bzw. eine Rentnerin. 16 Jahre müssen diese im Durchschnitt durch die Beiträge in Renten- und Pflegeversicherung und die Steuerzahlungen der aktiven Generation versorgt werden. In der Generation meiner Eltern waren es nur sechs Jahre.

Dieses Verhältnis wird sich in den nächsten drei bis vier Jahrzehnten unter heutigen Voraussetzungen derart verändern, dass ein Erwerbstätiger für einen nicht mehr Aktiven für 20 Jahre Rente und eventuelle Pflegebedürftigkeit aufkommen muss.

Im übrigen Europa sieht das nicht viel anders aus – aber in Deutschland ist es besonders ausgeprägt. So waren bereits 2011 in Deutschland 21 Prozent der Bevölkerung älter als 65 Jahre. Deutschland hat damit zusammen mit Japan den weltweit höchsten Bevölkerungsanteil von über 65-Jährigen und den niedrigsten von unter 15-Jährigen – ein höchst fragwürdiger Rekord.

Unser heutiger Wohlstand ist auch eine Konsequenz der gut qualifizierten und zahlreichen »Babyboomer«. Die OECD prophezeit uns aufgrund der seit vier Jahrzehnten anhaltenden niedrigen Geburtenrate und des stetig steigenden Altersquotienten, ein ebenso sinkendes Wirtschaftswachstum, das ca. 2030 nur noch 0,5 Prozent erreichen wird. Die-

se Tendenz kann im letzten Jahrzehnt mit einem Wirtschaftswachstum von nur noch einem Prozent untermauert werden. In den zehn Jahren vorher war es noch ein Wachstum
von 1,9 Prozent. Diese Abschwächung können wir uns eigentlich nicht
leisten. Denn immer weniger junge Menschen sollen immer
mehr leisten. Sie sollen die mehr als fünf Millionen fehlenden
Erwerbstätigen ersetzen, gleichzeitig für ebenso viele zusätzliche Menschen im (heutigen) Rentenalter sorgen und
sich um die ebenfalls deutlich zahlreicheren Pflegebedürftigen kümmern. Denn aufgrund der zunehmenden Hochaltrigkeit wird auch die Zahl der heute 2,5 Millionen pflegebedürftigen Menschen deutlich steigen. Heute sind von den
70- bis 75-Jährigen zwar nur 5 Prozent pflegebedürftig, bei
den über 90-Jährigen aber 58 Prozent.

Und dies alles vor dem Hintergrund, dass das von Professor Horst W. Opaschowski vom BAT-Institut propagierte
Modell einer gelungenen Altersvorsorge so nicht mehr funk-
tionieren kann und wird.

Horst W. Opaschowski stellte fest, dass eine gute Altersvorsorge auf drei Säulen beruhe: Die erste Säule sei die er-
arbeitete, die gesetzliche Rentenversicherung. Diese könne
künftig gerade vor Armut bewahren. Die zweite Säule sei die
ersparte, also die Eigentumswohnung, die Lebensversiche-
rung, die Betriebs- oder Riesterrente. Diese Säule kann den
Lebensstandard sichern. Die dritte Säule sei die erlebte, also
Familie und Freunde. Diese dritte Säule sichert unsere soziale Alterssicherung. Professor Opaschowski fügte hinzu: Defizite in den ersten beiden Säulen könnten durch die dritte,
die soziale Altersvorsorge ausgeglichen werden, Defizite in
dieser Säule aber nicht durch die anderen beiden, denn Liebe

und familiäre Zuneigung kann man nicht kaufen. Wie sieht es dann aber in unserer »versingelten« und zunehmend kinderlosen Gesellschaft mit dieser sozialen Absicherung aus, die den weniger werdenden jungen Menschen auch noch aufgebürdet wird?

Nicht nur familiäre Zuneigung und Zuwendung ist keine Handelsware, sondern auch – deutlich prosaischer – Innovation ist nicht einfach so herstellbar. Belegschaften werden durchschnittlich älter werden, das ist auch wünschenswert, denn nur wenn es gelingt, ältere Menschen länger im wirtschaftlichen Prozess als Steuer- und Beitragszahler und -zahlerinnen zu lassen, werden Lohnnebenkosten in erträglichen Größenordnungen bleiben.

Fatal ist aber, dass sich die Zahlen der Jüngeren in den Unternehmen stetig verringern werden. Von ihnen kommen aber die neuen Ideen, sie wollen das »Andere« ausprobieren, sie sind mit dem »Weiter so« der Älteren nicht zufrieden. Wenn uns diese neuen Ideen zunehmend ausgehen, droht Stagnation.

# Die Bevölkerungsentwicklung
## bis 2050

Das statistische Bundesamt hat die wahrscheinliche Bevölkerungsentwicklung, unter der Annahme einer Netto-Einwanderung von 200.000 Menschen pro Jahr, bis zum Jahr 2050 veröffentlicht. Die Einwanderungszahl haben wir seit 2010 angesichts der Euro-Krise erreicht, teilweise sogar überschritten, aber in den Jahren davor regelmäßig nicht. Vorausgesetzt wurde eine Geburtenrate von 1,4 Kindern pro Frau, die in den letzten 10 Jahren hin und wieder auch unterschritten wurde.

Dies ist keine Kaffeesatzleserei und die Wahrscheinlichkeit, dass sich die Zahlen maximal bei der Stelle hinter dem Komma ändern werden, ist hoch.

Dies bedeutet im Klartext:

Bei allen Unsicherheiten, die mit derartigen Vorausberechnungen verbunden sind, wird ab dem Jahr 2030, also schon in gut 17 Jahren, der Prozentsatz derjenigen, die im

| Altersgruppe | 2000 | 2010 | 2020 | 2030 | 2040 | 2050 |
|---|---|---|---|---|---|---|
| unter 20 | 17,487 | 15,474 | 14,103 | 13,430 | 12,388 | 11,462 |
| 20 bis unter 30 | 9,640 | 9,711 | 9,070 | 7,932 | 7,639 | 7,224 |
| 30 bis unter 50 | 25,968 | 24,195 | 20,596 | 20,159 | 18,339 | 16,911 |
| 50 bis unter 65 | 15,554 | 15,756 | 19,343 | 16,443 | 14,716 | 14,591 |
| 65 und mehr | 13,336 | 16,362 | 17,226 | 20,014 | 21,464 | 20,193 |
| insgesamt | 81,985 | 81,497 | 80,339 | 77,977 | 74,546 | 70,381 |

Quelle: Statistisches Bundesamt
Bevölkerungsentwicklung Deutschlands bis 2050 im Falle einer Netto-Zuwanderung von 200.000 Personen im Jahr. Die Bevölkerungszahlen sind in Mio. angegeben

Rentenalter sind, oder ihm näher stehen als ihrer Ausbildungszeit – die Personengruppe ab 50 Jahren – 45 Prozent der Gesamtbevölkerung und mehr als 50 Prozent der Wahlberechtigten erreicht haben – schon heute sind es 41 Prozent.

Deshalb ist die Frage legitim, welche Interessen schon heute von diesen Altersgruppen ausgehen, welchen Einfluss sie haben und wie ihre Interessen zukünftig durchsetzbar sind.

# Unterschied-
# liche
# Interessen-
# lagen
# der
# Generationen

Ich möchte tatsächliche oder vermeintliche Egoismen der älteren Jahrgänge nicht an den Pranger stellen – schließlich bin ich selbst ein älterer Jahrgang. Unterschiedliche Interessenlagen der Generationen sind durchaus legitim. So ist auch mein Ruhebedürfnis heute größer als früher und dem schönen Satz: »Kinderlärm ist Zukunftsmusik«, stimme ich theoretisch gerne und begeistert zu, konkret ist die Begeisterung dann aber eher mäßig und ich versuche mein Genervtsein zu verbergen.

Es besteht an dieser Stelle die Gefahr, dass dieses Genervtsein vom individuellen Problem zur allgemeinen Befindlichkeit, zum Mainstream wird, wenn die Genervten die Mehrheit der Bevölkerung ausmachen. Dann wird gegen den Standort jeder Kindertagesstätte, jedes Bolz- oder Spielplatzes geklagt, dann werden Ruhezeiten in Mietshäusern zu Heiligtümern und Spielmöglichkeiten auf den gepflegten Rasenflächen davor zur Unmöglichkeit. Um Klagen wegen Kinderlärms den Boden zu entziehen, hat die Bundesregierung ein Gesetz verabschiedet, welches bestimmt, dass Geräuscheinwirkungen, die von Kindertageseinrichtungen, Kinderspielplätzen und ähnlichen Einrichtungen durch Kinder hervorgerufen werden, im Regelfall keine schädlichen Umwelteinwirkungen sind. Außerdem dürfen bei der Beurteilung der Geräuscheinwirkungen Immissionsgrenz- und -richtwerte nicht herangezogen werden.

Zu der Thematik noch ein »hübsches« Beispiel: In den 70er Jahren des letzten Jahrhunderts war ich Vorsitzende des Vereins zur Förderung eines Aktivspielplatzes auf der Goldbachwiese in Nürnberg. Dieser Spielplatz war ein betreuter Platz für Kinder jenseits des Sandkastenalters. Acht Jahre haben wir gebraucht, damit er endlich realisiert wurde. Als dies vollbracht war, hat sich eine Elterninitiative aus unserer Nachbarstadt Fürth an mich gewandt und mich gebeten zu helfen, auch einen solchen Platz einzurichten. Dies gelang in erheblich kürzerer Zeit. Fünfzehn Jahre später, ich war inzwischen Abgeordnete, erzählte mir der Abgeordnete Norbert Eimer aus Fürth, dass es eine Initiative gäbe, die diesen Platz abschaffen wolle, und dass er, nachdem er der ursprünglichen Elterninitiative angehört hatte, sich die »Abschaffer-Initiative« mal genau angeschaut habe. Und siehe da, mindestens zehn Unterschriften waren identisch mit denen, die fünfzehn Jahre vorher den Platz wollten. Das Sein bestimmt das Bewusstsein! Die eigenen Kinder sind groß, teilweise schon selbstständig, man selbst ist älter geworden und möchte seine Ruhe haben.

Das heißt nicht, dass die Älteren sich nicht um Kinder und Enkel kümmern würden und umgekehrt. Heute ist das Verhältnis der Generationen im familiären Bereich so gut wie nie zuvor. Die Alten unterstützen die Jungen jährlich mit rund 35 Milliarden Euro, und soweit es räumlich, gesundheitlich und zeitlich möglich ist auch mit Zeit, um die Kinder zu entlasten oder die Enkelkinder zu betreuen. Und die Jungen halten Kontakt mit Eltern und Großeltern. Wenn sie am selben Ort wohnen ist dieser Kontakt intensiv, ist die räumliche Entfernung zu groß, wird der Kontakt telefonisch oder durch das Internet gehalten. Und nach wie vor werden rund siebzig Prozent der Pflegebedürftigen von ihren Familien gepflegt.

Aber es geht dabei nicht um persönliche Befindlichkeiten und Verhaltensweisen, sondern um die Frage, ob Probleme in der Gesellschaft generationengerecht gelöst werden können. Und dies darf bezweifelt werden.

Die Schlagseite zugunsten der Älteren begann bereits im Jahr 1957 mit der großen Rentenreform. Ursprünglich plante ihr Erfinder Wilfried Schreiber einen Drei-Generationen-Vertrag: die produktive Generation sorgt für die nicht mehr produktive Großelterngeneration mit ihren Rentenversicherungsbeiträgen und erhält, soweit sie Kinder hat, eine »Jugendrente« um die Kinder zu finanzieren. Ersteres wurde umgesetzt, Letzteres nicht. Nach dem Adenauer'schen Motto: »Kinder kriegen die Leute von alleine«, wollte man der Erwerbstätigengeneration zusätzliche Beitrags- oder Steuerbelastungen ersparen. Die Folge ist ein Zwei-Generationen-Vertrag zu Lasten der Kinder und der Kinderhabenden mit der Konsequenz, dass schon heute diejenigen von Kindern profitieren, die keine haben. Der sogenannte Generationenvertrag ist also kein Vertrag – wie es Lore Maria Peschel-Gutzeit formuliert – unter gleichberechtigten Partnern, sondern einer zu Lasten Dritter – nämlich zu Lasten zukünftiger Generationen.

# Wo ist die »Kinder-Lobby«?

Diese Beobachtung schlägt sich auch in vorhandener oder nicht vorhandener Lobby nieder. Die Automobilclubs in Deutschland haben gemeinsam 15 Millionen Mitglieder. Die Tierschutzorganisationen haben ungefähr 1,5 Millionen Mitglieder. Alle Organisationen und Verbände, die sich für Kinder und Familien einsetzen haben hochgeschätzt(!) 500.000 Mitglieder. Und im Vergleich zu den Organisationen Älterer geraten die Interessenvertretungen von Kindern und Familien ins Hintertreffen. Der Sozialverband VdK hat ca. 1,6 Millionen Mitglieder, der Sozialverband Deutschland und die Volkssolidarität noch mal 800.000, die um ihre Macht wissen. Walter Hirrlinger, der ehemalige Präsident des VdK, hat das mit seinem Hinweis »20 Millionen Rentner sind 20 Millionen Wähler« sehr deutlich gemacht. Ich kritisiere nicht die Stärke dieser Organisationen, setze mich auch für einen besseren Tierschutz ein und habe weder etwas gegen Automobilclubs noch gegen den VdK. Ich kritisiere als Mitglied des Deutschen Familienverbandes und des Kinderschutzbundes das viel zu geringe Engagement für Kinder und Familien. Wenn man nun noch berücksichtigt, dass die Älteren mit 1,3 Millionen Mitgliedern in den Gewerkschaften einen beträchtlichen Anteil haben und auch in den Volksparteien SPD und CDU/CSU die über 60-Jährigen in der Zwischenzeit die Mehrheit stellen und in beiden Parteien die unter 30-Jährigen nicht einmal zehn Prozent der Mitglieder ausmachen, dann hat das politische Konsequenzen.

Professor Siegfried Willutzki, Ehrenvorsitzender des Deutschen Familiengerichtstags beschreibt einen Konflikt Mitte der 80er Jahre. Es ging bei einer anstehenden Steuerreform darum, ob Familien oder alle Einkommensteuerzahler entlastet werden sollten. Auf einer Tagung der evangelischen Akademie Bad Boll erwiderte ein Referent des Familien(!)-Ministeriums darauf, man möge sich doch die Zahl der Einkommensteuerzahler einerseits und die Zahl der Familien andererseits vor Augen halten. Wessen Entlastung die Regierung dann beschließen werde, müsse doch jedem einleuchten.

Dieser Referent hat schlicht und einfach die Wahrheit gesagt: In einer Demokratie ist Masse gleichbedeutend mit Macht. Schon heute ist die Wählergruppe der über 60-Jährigen in diesem Sinne mächtig, nicht zuletzt auch, weil sie sich im Vergleich zu den Jüngeren überproportional an Wahlen beteiligt.

Aus diesem Grund ist es bereits heute schlüssig, zu behaupten: Wer bei Wahlen die absolute Mehrheit in meiner Generation der über 60-Jährigen erreicht, hat die Wahl gewonnen. Dies zeigt sich auch bei den intensiv diskutierten politischen Themen. In den letzten drei Jahrzehnten, bis in die jüngste Vergangenheit gibt es viele Beispiele dafür, dass die Interessen der Zahlreicheren eine größere Durchsetzungschance haben.

Nehmen wir das kleine Problem Praxisgebühr. Auch ich halte dieses Instrument für nicht sehr geglückt und seine Steuerungsfunktion hat sich als eher begrenzt erwiesen. Sieht man sich aber die Wirkungsweise der Abschaffung an, dann entlastet sie und zwar sofort, an erster Stelle, die Älteren, weil sie häufiger den Arzt aufsuchen (müssen?). Mittelfristig werden durch die fehlenden 2 Milliarden Euro vor allem die Jüngeren belastet, weil sie im Verhältnis höhere Krankenversicherungsbeiträge zahlen, als die Älteren.

Der Beitragssatz für die Rentenversicherung wurde ebenfalls gesenkt. Begründung für beide »Wohltaten«, die Renten- und die Krankenversicherungskasse seien voll und nicht als »Sparkasse für die Zukunft« gedacht. Das mag für jetzt stimmen, in naher Zukunft werden sie aber zusehends leerer und müssen von den immer weniger werdenden Jungen gefüllt werden.

Auch die »Lebensleistungsrente« – so undurchdacht sie ist – käme, wenn sie denn kommt, nur einigen wenigen der zwei Prozent heute armen Rentnerinnen und Rentnern zugute. Die Kosten tragen die heute und besonders die künftig aktiven Steuer- und Beitragszahler und Beitragszahlerinnen. Profitieren tun diejenigen, die für diese neue Leistung nie etwas eingezahlt haben, zahlen werden diejenigen, die davon, nach menschlichem Ermessen, nicht profitieren werden.

# Die Rente gerät aus den Fugen

Heute leben in Deutschland 20 Millionen Rentnerinnen und Rentner. Ca. 2030 werden es sieben Millionen mehr sein, aber vier Millionen weniger Erwerbstätige. Die EU-Kommission hat errechnet, dass die heutigen Kinder als nächste Erwerbstätigen-Generation in Deutschland um 25 Prozent höhere Rentenbeiträge zahlen müssen. Und all dies ohne ein gesichertes entsprechendes Äquivalent zu erhalten, wenn sie selbst einmal alt sind.

Das Rentensystem hat – wie es Wolfgang Streeck vom Max-Planck-Institut für Gesellschaft formuliert – eine eingebaute Dynamik, je älter es ist, desto mehr Ansprüche der Leistungsempfänger gibt es und desto teurer wird es und ich füge hinzu: Bei gleichzeitig immer weniger »Finanziers«.

Als die Kindererziehungszeiten in der Rentenversicherung eingeführt wurden, ein Versicherungsjahr für Mütter, deren Kinder vor 1992, drei für diejenigen, deren Kinder danach geboren wurden, habe ich im Bundestag für eine Gleichbehandlung gestritten. Damals lebten noch viele Rentnerinnen mit sehr kleinen Renten, die als Trümmerfrauen unser Land wieder aufgebaut haben. Heute, zwanzig Jahre später, wäre eine Gleichbehandlung natürlich auch schön, aber nur dann, wenn die Finanzierung nicht wieder den nächsten Generationen aufgebürdet wird.

Denn jede schuldenfinanzierte Maßnahme, ob Betreuungsgeld, zusätzliche Rentenversicherungsjahre oder Rettungsschirme, die die heutigen Erwachsenen beschließen, verschiebt die Belastungen auf Kinder und Enkel, mit Zins und Zinseszins. Sie engt deren Spielräume ein und lässt die Schere zwischen Arm und Reich weiter aufgehen. Von den Schulden profitieren dann diejenigen, die Kapital besitzen, weil sie Zinsen bekommen, diejenigen, die keines haben, müssen dies über ihre Steuern bezahlen.

Auch jede heutige Unterlassung trägt zu den Belastungen künftiger Generationen bei, wenn wir heute Lebenden z. B. so tun, als ob unser Lebensstil, angefangen vom Wasser- und Energieverbrauch, der fleischlastigen Ernährung, der Mobilität, zukunftstauglich wäre. Die Weigerung, uns heute zu ändern und vorzusorgen für gute Lebensbedingungen unserer Kindeskinder bedeutet, ihnen die Lasten und Kosten eines von uns geplünderten Planeten und des Klimawandels aufzubürden.

# Haben wir eine »Rentner-Demokratie«?

Natürlich hat die ältere Generation in ihrer Mehrheit auch Kinder und Enkel und macht sich Sorgen um ihr Wohlergehen. Aber, wenn es um das Wählen, um das Entscheiden geht, ist den meisten doch das Hemd näher als die Jacke. So warnt Roman Herzog vor einer möglichen Rentner-Demokratie, in der die Älteren das Sagen und die Jüngeren das Nachsehen haben.

Nun sind nicht alle älteren Menschen gleich, ihre politischen Einstellungen sind unterschiedlich und doch eint sie ein gemeinsames Interesse, das Interesse an einem »guten Leben im Alter«, wie Dr. Bettina Munimus feststellt. Jüngere Studien des Sozialwissenschaftlers Harald Wilkoszewski haben einen Alterseffekt bei politischen Entscheidungen nachgewiesen, der besagt, dass mit zunehmendem Alter die Wahrscheinlichkeit sinkt, sozialpolitische Maßnahmen für gut zu erachten, die nicht die eigene Altersgruppe betreffen.

Je älter der Mensch sei, desto geringer sei die Zustimmung zum Ausbau der Kinderbetreuung, oder der Erhöhung des Kindergelds etc. Deutlich wurde dies auch beim jüngsten Volksbegehren zur Abschaffung der Studiengebühren in Bayern. Wenn ich ältere Menschen fragte, ob sie sich schon eingetragen hätten, gab es überwiegend Desinteresse. In meiner Heimatstadt Nürnberg (eine bayernweite Statistik gibt es leider nicht) gab es beim Volksbegehren zur Abschaffung der Studiengebühren folgende Beteiligungen: 60 bis 75-Jährige: 12,1 % (eine Altersgruppe, die sich an Wahlen überproportional beteiligt!); 75-Jährige und älter: 7,1 %; 18- bis 25-Jährige: 29,6 %; 0- bis 18-Jährige: 0,0 % (da nicht wahlberechtigt).

Ähnlich war es beim Volksbegehren, das die Einführung der sechsklassigen Realschule verhindern wollte – auch hier gab es weitgehend ein Desinteresse der Älteren.

Das bedeutet nun nicht, dass alle Ruheständler eine bestimmte Partei wählen, keine der expliziten Rentnerparteien hatten dauerhafte Chancen. Es funktioniert andersherum: Die Volksparteien verinnerlichen die Interessen der Älteren und diese haben besonders in Wahlkampfzeiten ein, ihrer zahlenmäßigen Bedeutung, entsprechendes Gewicht.

»Die materielle Absicherung, die Sicherung des erwirtschafteten Eigentums und das Bewahren des unmittelbaren Lebensumfelds sind wichtige Konstanten des Wohlbefindens im Ruhestand«, schreibt Bettina Munimus und: »Sind diese Gegenwartsinteressen durch eine gefühlte Missachtung der Lebensleistung bedroht, etwa aufgrund einer ungünstigen Rentenentwicklung, regt sich Widerstand.« Nicht nur, aber auch deshalb, steigen die Ausgaben für die Rente stetig, während anteilig die Ausgaben für Zukunftsinvestitionen sinken.

# Zu wenige Investitionen in die Zukunft

Würden wir in Deutschland heute noch prozentual genauso viel für Bildung und Forschung ausgeben wie 1975, müssten Bund und Länder 35 Milliarden mehr für diese beiden Bereiche pro Jahr ausgeben. Auch, wenn es vielleicht im Jahr 1975 noch einen größeren Nachholbedarf gegeben hat als heute, ist dies keine plausible Begründung dafür, dass der Anteil für Bildung und Forschung in den öffentlichen Haushalten weiter kontinuierlich sinkt. Auch im Vergleich zu 1995 fehlen heute in unserer angeblichen »Bildungsrepublik« 10 Milliarden an Investitionen in die Zukunft.

Diese Entwicklung wird sich so fortsetzen, weil Regierungen durch die Ausgaben für die sozialen Sicherungssysteme, durch die Bedienung von Schulden und durch die notwendige Schuldenbremse zunehmend handlungsunfähiger werden. Um Gestaltungsspielräume zu gewinnen, werden Investitionen in Bildung, Familie und Forschung gekürzt und damit das Wohlstandspotential künftiger Generationen geschmälert.

Aber nicht diese Zukunftsvergessenheit ist Gegenstand öffentlicher Diskussion, sondern die tatsächliche oder vermeintliche Altersdiskriminierung. So, zum Beispiel, die Forderung, dass ab einem bestimmten Lebensalter regelmäßig geprüft werden soll, ob man ggf. den Führerschein abgeben muss. Eine Debatte zur Jugenddiskriminierung ist mir dagegen nicht bekannt.

Dabei wäre diese mehr als angebracht, wenn man sich die Arbeitsbedingungen junger Menschen in der heutigen Zeit anschaut. Nach der Berufsausbildung wird von ihnen für unbezahlte Praktika, Minijobs, Leiharbeit oder befristete Arbeitsverträge auch noch Begeisterung erwartet. Und gleichzeitig sollen diejenigen, die in ungesicherter Beschäftigung gezwungenermaßen von einem Job zum nächsten »hüpfen« müssen, auch noch eine Familie gründen. Derartige Themen spielen eine eher untergeordnete Rolle in der öffentlichen und politischen Diskussion, vor allem dann, wenn sie noch nicht aktuell sind.

Wer kümmert sich z. B. um die künftigen Arbeitsbedingungen unserer Kinder und Enkelkinder, über die der Chef von IBM derart geschwärmt hat, dass »crowdsourcing«, also das weitestgehende Auslagern von bisher im Unternehmen ausgeführten Tätigkeiten an die ehemaligen, gekündigten Mitarbeiter und Mitarbeiterinnen keine Gebäudekosten, keine Renten, keine Kosten für das Gesundheitswesen bedeuten würden. Die in die »crowd« outgesourcten ehemaligen Mitarbeiter und Mitarbeiterinnen erhalten einen »call« für ein Projekt. Wenn sie ein entsprechend gutes Angebot dafür abgeben, erhalten sie den Zuschlag und arbeiten dieses Projekt mithilfe der Daten und der Software in der »Cloud« ab. Wann immer sie wollen, am Tag oder nachts, oder tags und nachts – Hauptsache es wird pünktlich fertig, Freizeit, Urlaub, Wochenende: Fehlanzeige.

So etwas ist für uns Alte so weit weg und hat so wenige Chancen in den Mittelpunkt politischer Auseinandersetzungen zu geraten, dass wahrscheinlich erst dann versucht wird, dieser schönen neuen Web-Welt entgegen zu steuern, wenn diese nicht mehr aufzuhalten ist.

Udo Hermann, Verfasser der Ökonomischen Analyse des Kinderwahlrechts meint, wenn das Alter als sozioökonomisches Merkmal ausschlaggebend für die Wahlentscheidung des Einzelnen ist, dann würde ein niedrigeres durchschnittliches Wahlalter zu einer stärkeren Präferenz für zukunftsorientierte Entscheidungen führen und zu einer Verbesserung der Generationengerechtigkeit.

Der Autor macht das am konkreten Beispiel der Renten deutlich:

»Der Stand der Generationengerechtigkeit kann sehr gut am Beispiel der gesetzlichen Rentenversicherung abgelesen werden. Beitragserhöhungen führen zu Belastungen der Arbeitnehmer, aber zu Entlastungen der Rentner. Ein rationaler Wähler wird beides berücksichtigen: Wie hoch werden in der Summe meine Beiträge bis zur Rente sein und wie hoch wird die Summe aller Rentenzahlungen danach an mich sein? Ein Rentner wird also stets gegen eine Rentenkürzung (= Beitragssenkung) sein, weil er nur verlieren wird. Ein junger Arbeitnehmer wird in der Regel für sie stimmen, weil die Summe seiner Beiträge aufgrund der noch vor ihm liegenden Arbeitszeit empfindlich sinken wird. Für einen mittelalten Arbeitnehmer dürfte die Kalkulation zwischen Beitragssenkung auf der einen und Rentenkürzung, die ihn ja im Alter auch treffen würde, auf der anderen Seite knapper ausfallen. Wenn nun eine Rentenkürzung (z. B. im Sinne einer Reform des Renteneintrittsalters) zur politischen Entscheidung steht und der Medianwähler wäre ein 67-jähriger Rentner, dann wird es eine solche nicht geben. Wäre der Medianwähler dagegen 20 Jahre, dann könnte es zu einer solchen kommen. Nach meinen Untersuchungen gehört der Medianwähler beim aktuellen Wahlrecht für die Jahre 2012 bis 2030 stets zu denjenigen Alterskohorten, die von einer Rentenkürzung keinen Vorteil hätten. Bei einem Kinderwahlrecht dagegen gehört der Medianwähler zu denen, die noch einen Vorteil haben könnten.«

Oder ein weiteres Beispiel:

Die Forderungen eines Forscherteams in der Studie »Zukunft mit Kindern«, die Ende 2012 vorgestellt wurden, verhallten nahezu sang- und klanglos. Niemand in Politik oder Medien reagierte auf die Studie. Die Forderungen betrafen ein Bündel von Maßnahmen, angefangen von der Einstellungspolitik von Firmen und öffentlichem Dienst, über das Schaffen eines Familienzeitkredits bis zu einer Kindergrundsicherung und mündeten in dem Verlangen, die Politik möge das Wohlergehen von Eltern und Kindern in den Mittelpunkt politischer Investitionen stellen.

Die Weigerung, die Notwendigkeit einer Veränderung – nicht nur in den Sozialsystemen – zu akzeptieren, ist genauso weit verbreitet, wie die mangelnde Einsicht, dass der demografische Wandel eine Realität ist, die schon die heute alte – meine – Generation, betreffen müsste.

# Wir Alten müssen uns ändern

Wolfgang Gründinger, der Autor von »Aufstand der Jungen« fordert zu Recht von uns Alten Zeit, Macht und Geld. Zeit für einen produktiven Unruhestand, der die Jungen von der Sorge um uns entlastet, Geld für einen Zukunftssoli für Kinderbetreuung und Bildung. Er schreibt:

»Als Deutschland jung war, wurde die soziale Sicherung für die Alten ausgebaut. Jetzt, da Deutschland alt wird, sind es die Kinder und Jugendlichen, die Unterstützung brauchen. Der vielbeschworene Generationenvertrag darf nicht in pharisäischen Sonntagsreden verkümmern. Die Alten sind viele, sie sind reich und haben das Sagen. Sie haben die Gesellschaft gemacht, wie sie heute ist. Daher müssen sie die Verantwortung übernehmen. Und die Welt ein bisschen besser hinterlassen.«

Gerade diese Forderung nach Zeit von den Alten für die Jungen, nicht nur individuell in der eigenen Familie, sondern für das Gemeinwesen, ist berechtigt. Denn die heutigen Alten sind im Durchschnitt viel jünger, als die vergangener Generationen gleichen Alters.

Ein heute 70-Jähriger ist so leistungsfähig wie früher ein 60-Jähriger und kann für das Gemeinwesen noch etwas tun. Dreißig Jahre Ruhestand im Liegestuhl ist weder für die Betroffenen wünschenswert, noch in der Zukunft von der Gesellschaft leistbar.

All diese Zukunftsthemen finden aber im politischen Tagesgeschäft nur sehr wenig Resonanz. Ansätze, um den Interessen der Jungen mehr Gehör zu verschaffen, blieben bisher erfolglos.

So ist der fraktionsübergreifende Antrag, Generationengerechtigkeit in die Verfassung aufzunehmen bisher genauso gescheitert, wie die Aufnahme von Kinder-Grundrechten in unser Grundgesetz.

# Vom Objekt zum Subjekt – Kinder haben Rechte

In unserer Verfassung, im Grundgesetz kommen Kinder als Personen mit eigenen Rechten nicht vor, sie sind nur Objekt elterlicher Sorge, mit einer Ausnahme: nichteheliche Kinder haben das ausdrückliche Recht, mit ehelichen gleichgestellt und gleichbehandelt zu werden.

Es gab zahlreiche Anläufe Kindergrundrechte in die Verfassung aufzunehmen, zuletzt Ende 2012. Alle wurden mit den immer gleichen Argumenten abgeschmettert:

✗ Kinder wären auch Menschen und deshalb gälten für sie dieselben Menschenrechte, wie für Erwachsene.

✗ Ein solcher Kinder-Grundrechte-Artikel würde Kindern konkret nichts bringen, weder sie vor Gewalt schützen, noch ihre Armut beseitigen.

✗ Kindergrundrechte würden Elternrechte zu sehr einschränken, Kinder könnten – theoretisch – diese Rechte einklagen.

Was ist von diesen, seit 20 Jahren in Variationen gebetsmühlenhaft wiederholten Argumenten zu halten?

Ja, Kinder sind Menschen und für sie gelten selbstverständlich die Menschenrechte des Grundgesetzes auch. Auch Frauen sind Menschen, auch für sie gelten die Menschenrechte des Grundgesetzes. Dennoch hat es der Gesetzgeber richtigerweise für notwendig gehalten, das Grundgesetz zur Wahrung ihrer Interessen mit dem Artikel 3a zu ergänzen.

# Die Verfassung prägt Mentalitäten

Genauso verhält es sich mit dem zweiten Argument. Niemand behauptet mit einer Verfassungsänderung allein wären die Probleme gelöst. Aber die Verfassung ist mehr als nur bedrucktes Papier, sie beeinflusst die öffentliche Meinung, das Handeln von Institutionen und Organisationen sowie Gerichtsentscheidungen. Natürlich ist nicht in jedem Einzelfall kontrollierbar, ob jeder Buchstabe der Verfassung eingehalten wird. Das kann aber nicht den Verzicht auf die notwendige – im Sinne von »Not zu wenden« – Ergänzung unseres Grundgesetzes bedeuten.

Auch Gewalt in der Ehe ist nicht zu kontrollieren, doch ihre Strafbarkeit hat zu Mentalitätsveränderungen geführt. Eine Verfassungsergänzung um die Grundrechte von Kindern sollte also ein erster Schritt für ein kinderfreundliches Deutschland sein. Ein solcher Mentalitätswechsel ist zwingend notwendig.

Den Mentalitätswechsel kann die Politik nicht alleine herbeiführen, aber sie kann mithelfen – mittels einer Grundgesetzänderung und der entsprechenden Diskussion darüber. Artikel 2 unseres Grundgesetzes könnte wie folgt ergänzt werden: »Jedes Kind hat ein Recht auf Entwicklung und Entfaltung seiner Persönlichkeit, auf gewaltfreie Erziehung und auf den besonderen Schutz vor Gewalt, Vernachlässigung und Ausbeutung. Die staatliche Gemeinschaft achtet, schützt und fördert die Rechte des Kindes und trägt Sorge für kindgerechte Lebensbedingungen.«

Dies ist nicht nur abstrakte Juristerei, sondern hätte konkrete Auswirkungen auf Entscheidungen von Familiengerichten, beispielsweise in Bezug auf die Betreuungssituation von Kindern oder Hilfsmaßnahmen. Der Text wäre nicht nur ein Postulat, sondern er würde konkrete Handlungsaufträge an alle gesellschaftlichen Institutionen beinhalten. Diese Handlungsaufträge hätten bei der Ausformulierung von Gesetzen eine verpflichtende Wirkung.

# Kinder sind eigenständige Menschen

Kinder wären dann nicht mehr nur Objekte der Fürsorge der Eltern, sondern Subjekte und Träger eigener Rechte. Sie wären nicht mehr Bestandteil einer Gruppe – der Familie –, sondern ihren besonderen Bedürfnissen müsste eigenständig Rechnung getragen werden.

Es trifft auch nicht zu, dass Kindergrundrechte Elternrechte zu sehr einschränken. In vielen Landesverfassungen (beispielsweise in Niedersachsen), für die ja vergleichbare Argumente gelten würden, finden sich längst Kinderrechte wieder, ohne dass massenweise Klagen von Kindern eingereicht worden wären, oder Eltern sich eingeschränkt fühlen würden.

Auch andere Länder wie z.B. Spanien oder Österreich haben Grundrechte von Kindern entsprechend der UN-Kinderrechtskonvention in ihre nationalen Verfassungen aufgenommen. Heribert Prantl hat in der Süddeutschen Zeitung vom 16.11.2012 geschrieben: »Eine Verfassung ist auch eine Liebeserklärung an ein Land. Wenn Kinder darin nicht vorkommen, fehlt ihr etwas.«

Warum kann sich der Gesetzgeber selbst nach 20 Jahren zu dieser »Liebeserklärung« nicht durchringen? Warum war die Initiative des Aktionsbündnisses zur Einführung von Grundrechten für Kinder nirgendwo Thema in einer der mannigfachen Talk-Shows? Warum, wenn überhaupt, regen sich darüber so wenige auf? Woher kommt die Gleichgültigkeit gegenüber den hunderttausenden Kindern, die nicht gut aufwachsen – eine Gleichgültigkeit, die durch dramatische Todesfälle erschüttert, aber nicht beseitigt wird?

Es gibt Gründe für diesen beklagenswerten Zustand: In Deutschland werden Kinder nicht mehr wirklich vermisst. Wir haben uns gut in unserer Gesellschaft eingerichtet, in der Kinder zur Ausnahme geworden sind. Die Konsequenzen: Die Bedürfnisse von Kindern werden zunehmend marginalisiert. Verkehrslärm wird mehr oder weniger klaglos hingenommen, der Tobelärm und das Lachen von Kindern werden gerichtlich bekämpft. Dies ist Gott sei Dank – wie bereits im 1. Kapitel erwähnt – nach den gesetzlichen Verbesserungen nicht mehr so einfach möglich. Ein kinderloses Paar in Begleitung einer mannshohen Dogge findet leichter eine Mietwohnung als ein Paar mit zwei kleinen Kindern an der Hand. Kinder sind, zumindest für die Mütter, häufig ein Berufshindernis, und nahezu immer ein Karrierehindernis. Die mit der Globalisierung einhergehenden Mobilitäts- und Flexibilitätsanforderungen führen zusätzlich zu einer strukturellen Rücksichtslosigkeit gegenüber Kindern und ihren Familien. Denn Kinder benötigen Zeit, Verlässlichkeit, Ortsgebundenheit.

Die Bedürfnisse von Kindern stehen – wie im vorangegangenen Kapitel ausgeführt – in immer stärkerer Konkurrenz zu denen der anderen Generationen und Gruppen. Viele Ältere sehen nicht ein, dass Kinder heute ganz anders gefördert und erzogen werden als früher. Frei nach dem Motto: »Wir waren mehr als vierzig Schüler in der Klasse.« – »Uns hat eine Ohrfeige auch nicht geschadet.« – »Bei uns hat es sowas wie Kindergeld oder Elterngeld auch nicht gegeben.«

Kommunen müssen entscheiden, ob die Umgehungsstraße, das Seniorenheim oder die Kinderkrippe wichtiger sind. Die Wirtschaft steht an vorderster Front, wenn es um die Forderung nach mehr Kinderkrippen und Ganztags-Kitas geht, aber längst nicht so weit vorn, wenn es um das eigene Engagement bei familienfreundlichen Arbeitszeiten oder das Einstellen alleinerziehender Mütter geht. Da ist es nicht verwunderlich, dass nur 25 Prozent der Deutschen der Meinung sind, Deutschland sei ein kinderfreundliches Land. Die Franzosen hingegen halten ihr Land zu 60 Prozent für kinderfreundlich.

# Kinder sind mehr,
## als Mittel zum Zweck

Kinder werden nicht als eigenständige Menschen angesehen. Sie sind Mittel, um etwas zu erreichen, sie sind bestenfalls Objekte der Fürsorge. Sie sind Mittel, um das Wirtschaftswachstum zu erhöhen, um Mecklenburg-Vorpommern wieder zu bevölkern, die Rentenfinanzen zu stabilisieren oder um künftige Alte zu pflegen. Veränderte Mentalitäten und Grundrechte von Kindern in der Verfassung würden aber zu konkreten Maßnahmen führen.

»Für die Erziehung eines Kindes braucht man ein ganzes Dorf.« Dieses afrikanische Sprichwort muss mit modernem Leben erfüllt werden. Das Recht und die Pflicht der Eltern, primär für ihre Kinder zu sorgen, wird nicht in Frage gestellt. Aber es darf nicht bedeuten, Eltern mit diesen Rechten und Pflichten alleine zu lassen und die Rechte der Eltern dürfen nicht über das Wohlergehen des Kindes gestellt werden.

Ein Kinder-Grundrechtsartikel würde auf mittlere Sicht die Politik verändern, auf allen politischen Ebenen. Kinder und ihre Bedürfnisse würden nicht nur in Sonntagsreden, sondern konkret ernst genommen und bei politischen Entscheidungen berücksichtigt. Dann gäbe es vielleicht endlich auch Mehrheiten für die Aufnahme des Grundsatzes der Generationengerechtigkeit in unserer Verfassung.

Ein solcher Antrag wurde fraktionsübergreifend von mehr als 100 meist jüngeren Abgeordneten 2006 im Bundestag eingebracht und 2007 zu sehr später Stunde debattiert. Eine Abstimmung über den Antrag fand jedoch nie statt und in der folgenden Legislaturperiode wurde er nicht wieder aufgegriffen.

Der Antrag sollte dem von Richard von Weizsäcker formulierten Strukturproblem der Demokratie entgegenwirken: der Verherrlichung der Gegenwart und der Vernachlässigung der Zukunft.

Der Kernsatz des Gesetzentwurfes lautete: »Der Staat hat in seinem Handeln das Prinzip der Nachhaltigkeit zu beachten und die Interessen künftiger Generationen zu schützen.« Dies sollte als Staatsziel in das Grundgesetz aufgenommen werden, wobei Nachhaltigkeit umfassend verstanden wurde und nicht nur der ökologische, sondern auch soziale und finanzielle Aspekte gemeint waren.

Die Gegenargumente waren wie immer die gleichen: Wir tun das doch sowieso, ein Staatsziel sei zu unbestimmt und zu weit interpretierbar und last but not least, dürfe man die Verfassung nicht so aufblähen. Derartige Argumente werden nicht oder seltener vorgebracht, wenn es um die Aufnahme von Staatszielen wie Tierschutz, Sport oder Kultur geht, und niemand beklagt die Unbestimmtheit des Sozialstaatsprinzips und will es deshalb aus der Verfassung entfernen, oder behauptet, dass sich darum die Politik doch sowieso kümmere.

Beide Debatten, die über Grundrechte für Kinder und die über Generationengerechtigkeit zeigen ein Verschanzen hinter Gegenwartsinteressen, weil man mit deren Befriedigung Wahlen gewinnt, mit der Sorge für die Zukunft meist jedoch nicht, vor allem dann nicht, wenn sie mit Einschränkungen in der Gegenwart verbunden sind. Daraus folgt, dass wir der Zukunft eine Stimme geben müssen!

# Der
# Zukunft
# eine
# Stimme
# geben

Die Forderung nach einem Wahlrecht für Kinder ist nicht neu. Sie ist nicht zu verwechseln mit dem Herabsetzen des Wahlalters. Sie kommt in mehreren Gewändern daher und sie wird nicht nur von Eltern und Jugendlichen erhoben, sondern auch von älteren und alten Menschen.

## Auch Ältere fordern
## ein Wahlrecht von Geburt an

Dorothea Müller aus Babenhausen, 65 Jahre alt, schrieb mir zu diesem Thema einen Brief:

»Sehr geehrte Frau Schmidt,
      als Sie vor einigen Tagen in einer Fernsehsendung das Wahlrecht von Geburt an forderten, habe ich mich sehr gefreut.

Ich vertrete auch seit vielen Jahren diese Meinung in der Familie und im Freundes- und Bekanntenkreis.

Ich bin 65 Jahre alt und fürchte, in Zukunft in einem Land zu leben, das erstarrt, weil nur noch die Bedürfnisse der alten Wähler berücksichtigt werden und innovative, zukunftsweisende Ideen keine Chance haben. Ich fürchte auch, dass meine Generation fröhlich auf Kosten der Jüngeren lebt, obwohl sie ja die jetzige ›Alterspyramide‹ maßgeblich zu verantworten hat.

Zu meinem Erstaunen ernte ich immer nur Unverständnis. Selbst die Jüngeren, die selbst oder ihre Kinder die Folgen einer solchen Entwicklung zu tragen hätten, sehen nicht die Notwendigkeit das Wahlrecht zu erweitern.

Wie Sie auch in der Sendung sagten, kommen immer wieder die gleichen Argumente, wie sie auch genannt wurden, um in der Vergangenheit den Bauern, den Schwarzen oder den Frauen das Wahlrecht zu verweigern.«

Und Dr. Hans-Walter Lorch (70) schrieb einen Leserbrief an das Oberbayerische Volksblatt:

»Den Vorschlag, das Wahlalter auf 16 Jahre abzusenken, halte ich für einen Schnellschuss, der am Symptom Wahlverdrossenheit nicht viel ändern wird. Die Ursachen liegen woanders.

Ich glaube vielmehr, dass eine grundsätzliche Änderung des Wahlverhaltens dadurch erreicht werden kann, dass man das Wahlalter auf Null setzt, und die Wahl durch die Erziehungsberechtigten (besser: -verpflichteten!) ausüben lässt. Auf diese Art würde das Gewicht der jüngeren Wählerschaft endlich auf das ihr zustehende Maß erhöht, denn diese Menschen sind es, die zum Fortbestand der Gesellschaft am meisten beitragen und die bei Wahlen in erster Linie für ihre eigene Zukunft die Weichen stellen.

Die Älteren, zu denen ich mich zähle, sollten bei ihrem Wahlverhalten mehr die Ansichten ihrer Nachkommen berücksichtigen und ihre eigenen Interessen, die in aller Regel durch Wahlen nicht kurzfristig zu ändern sind, hintanstellen. Angesichts der Alterung der Bevölkerung scheint mir eine Verschiebung des Stimmengewichts nicht hin, sondern zurück zur jungen Generation wichtiger denn je.«

Anschließend schrieb mir Herr Lorch dann folgenden Brief:

»Sehr geehrte Frau Schmidt,

ich mochte Sie ja schon immer, aber vorgestern bin ich (70) vor Begeisterung fast aus dem Sessel gesprungen, als Sie das Wahlrecht ab Geburt propagierten. Genau das habe ich in einem Leserbrief an den OVB (Oberbayerisches Volksblatt, die Regionalausgabe des Münchner Merkur) am 18. April 2009 vorgeschlagen. [...] Zweimal wurde ich daraufhin überrascht, einmal positiv, einmal negativ: Zum ersten, dass der OVB diese Zuschrift so groß herausbrachte, und zum zweiten Mal, als darauf in den nächsten Tagen null Reaktion erfolgte. Ist das den Menschen so egal, und warum? Und was könnte man tun, um die politische Diskussion in Gang zu bringen?«

# Die Forderung nach einem
# Kinder- oder Familienwahlrecht
# ist nicht neu

In Deutschland gab es diese Forderung schon seit Mitte des 19. Jahrhunderts. Sie versandete aber wieder, um Anfang des 20. Jahrhunderts zu Beginn des 1. Weltkrieges wieder aufzutauchen. Seinerzeit war erstmals absehbar, dass das Bevölkerungswachstum in Deutschland so nicht weitergehen würde. Bei allen Vorschlägen sollten unter bestimmten Voraussetzungen die Familienväter zusätzliche Stimmen bekommen.

Ähnliche Bestrebungen gab es auch Ende des 19. und Anfang des 20. Jahrhunderts vor Einführung des Frauenwahlrechts in Frankreich und Belgien. Mit dessen Einführung glaubte man dem Ziel der Allgemeinheit der Wahl ausreichend Rechnung getragen zu haben und die Initiativen zu einem Familienwahlrecht wurden nicht weiter betrieben. Genauso wie die in den dreißiger Jahren des letzten Jahrhunderts: Carl von Goerdeler (der im Zusammenhang mit dem Hitlerattentat zum Tode verurteilt und hingerichtet wurde) schlug ebenfalls ein größeres Gewicht der Stimmen von Familienvätern(!) vor.

Ein Wahlrecht von Geburt an wurde dann in der Bundesrepublik insbesondere von Professor Konrad Löw aus Bayreuth seit den 70er Jahren gefordert.

Die Diskussion hat mehrfach das Bundesverfassungsgericht erreicht, so im Jahr 1995 durch die Kinderrechtsinitiative K.R.Ä.T.Z.Ä. (ein seit 1992 bestehendes Kinderrechtsprojekt) oder 2003 durch die Familien-Partei-Deutschlands. Beide Klagen scheiterten.

Auch der Bundestag hat sich zweimal mit Initiativen zur Einführung eines Wahlrechts von Geburt an in der 15. (2004 und 2005) und 16. Legislaturperiode (2009) befasst. Jeweils ca. 50 Abgeordnete von CDU/CSU, FDP, GRÜNEN (nur in der 15. Legislaturperiode) und SPD stellten einen gemeinsamen Antrag unter den Überschriften »Mehr Demokratie wagen – für ein Wahlrecht von Geburt an« (15. Wahlperiode) und »Der Zukunft eine Stimme geben – für ein Wahlrecht von Geburt an« (16. Wahlperiode).

In der 15. Legislaturperiode wurde die 1. Lesung des Antrags vom Ältestenrat auf den 1. April gelegt – man meinte wohl, damit Humor zu beweisen, indem man ihn als Aprilscherz abzuqualifizieren versuchte. Es gab eine Anhörung, in der von einigen Sachverständigen auch Sympathie bis hin zur Zustimmung bestand. Die Mehrheit war aber dagegen und darauf folgte die Ablehnung durch die überwiegende Mehrheit der Abgeordneten.

In der 16. Legislaturperiode gelang es erst in der vorletzten Sitzung des Parlaments und nur durch massiven Druck, dass die 1. Lesung des Antrags zu nächtlicher Stunde überhaupt stattfand. Seither halten sich Bundestag und die Länderparlamente in dieser Frage vornehm zurück. Eine Initiative des Saarlands aus dem Jahr 2004, bei der alle im Landtag vertretenen Parteien hatten Zustimmung erkennen lassen, ist dann doch wieder versandet.

Dennoch hat das Wahlrecht von Geburt an prominente Befürworter und Befürworterinnen. Zu ihnen gehört der Altbundespräsident und frühere Präsident des Bundesverfassungsgerichts Roman Herzog genauso, wie der ehemalige Bundesverfassungsrichter Paul Kirchhof, der Bundestagspräsident a.D. und heutige Bundestagsvizepräsident Wolfgang Thierse und seine Kollegen Dr. Hermann Otto Solms und die ehemalige Bundestagsvizepräsidentin Antje Vollmer, der ehemalige Vorsitzende der Deutschen Bischofskonferenz Kardinal Lehmann, ebenso wie die Justizsenatorin a.D. Lore Maria Peschel-Gutzeit und der ehemalige Präsident des BDI Hans Olaf Henkel, um nur einige zu nennen.

# Das Wahlrecht für Kinder –
# drei Vorschläge

Es tritt in drei »Spielarten« auf:

1. Das Kinderwahlrecht in »Reinform« setzt das Wahlalter für das aktive Wahlrecht auf null. Kinder, die selbst wählen wollen, müssten sich dann in ein Wählerverzeichnis eintragen lassen und dürfen es dann genauso wie Erwachsene ausüben. Solange sie nicht im Wählerverzeichnis stehen, wird ihr Wahlrecht nicht wirksam.

2. Die zweite Form des Kinderwahlrechts ist kein Wahlrecht der Kinder, sondern eines der Familie, d. h. auch hier wird das Wahlalter auf null gesetzt, das Stimmrecht üben aber bis zur Volljährigkeit oder einem anderen, neu festzusetzenden »Wahlausübungsalter«, die Eltern aus.

3. Die dritte Form des Kinderwahlrechts versucht einen Kompromiss beider Varianten: Auch hier gibt es ein Wahlrecht von Geburt an, das so lange von den Eltern ausgeübt wird, bis ihre Kinder dieses Wahlrecht durch

Eintragen in ein Wählerverzeichnis an sich ziehen. Die Eltern wählen bis zu diesem Zeitpunkt stellvertretend für ihre Kinder. Damit unterscheidet sich diese Form des Wahlrechts vom Familienwahlrecht, weil hier die Eltern nur stellvertretend handeln.

Meiner Ansicht nach ist die dritte Variante am geeignetsten. Bei der ersten Form des reinen Kinderwahlrechts bleiben mindestens zehn bis zwölf Geburtsjahrgänge unberücksichtigt, weil nicht davon auszugehen ist, dass Kinder bis zum 10. Lebensjahr sich in nennenswerter Zahl in Wählerverzeichnisse eintragen lassen.

Die zweite Version, das Familienwahlrecht, betrachtet Kinder nicht als eigenständige Personen, sondern verschiebt nur Stimmengewichte unter den Erwachsenen und stößt dadurch am meisten auf berechtigte verfassungsrechtliche Vorbehalte.

Die dritte Variante eröffnet dagegen die Möglichkeit, dass wirklich das ganze Volk wählen kann. Kinder können gleichzeitig als eigenständige Persönlichkeiten gewertet werden, für die nur so lange stellvertretend gehandelt wird, so lange sie das nicht selbst können. Und damit stellt sich die Frage der verfassungsrechtlichen und juristischen Grundlagen für ein Wahlrecht von Geburt an.

# Das Wahlrecht in unserer Verfassung

Unser Recht zu wählen beruht auf unserer Verfassung. Im Grundgesetz, Artikel 20, Absatz 2 heißt es: »Alle Staatsgewalt geht vom Volke aus. Sie wird vom Volk in Wahlen und Abstimmungen [...] ausgeübt.«
In Artikel 38, Grundgesetz wird dies näher ausgeführt. Dort heißt es:

1. »Die Abgeordneten des Deutschen Bundestages werden in allgemeiner, unmittelbarer, freier, gleicher und geheimer Wahl gewählt. [...]
2. Wahlberechtigt ist, wer das achtzehnte Lebensjahr vollendet hat, wählbar ist, wer das Alter erreicht hat, mit dem die Volljährigkeit eintritt.
3. Das Nähere bestimmt ein Bundesgesetz. [...]«

Wichtig für das Wahlrecht ist auch Artikel 79, Grundgesetz. Dieser besagt, dass unsere Verfassung zwar geändert werden darf, nicht aber Artikel 1, der die Würde des Menschen unter den Schutz staatlicher Gewalt stellt und ebenso nicht der oben zitierte Artikel 20.

Das Bundesgesetz, das nach Artikel 38 »das Nähere bestimmt« führt wiederum aus:

1. »Wahlberechtigt sind alle Deutschen im Sinne des Artikels 116 Abs. 1 des Grundgesetzes, die am Wahltage
2. das achtzehnte Lebensjahr vollendet haben,
3. seit mindestens drei Monaten in der Bundesrepublik Deutschland eine Wohnung innehaben oder sich sonst gewöhnlich aufhalten,
4. nicht nach § 13 vom Wahlrecht ausgeschlossen sind.«

Paragraph 13 des Bundeswahlgesetzes wiederum schließt in sehr engem Rahmen Personen vom Wahlrecht aus.

Dort heißt es:

»Ausgeschlossen vom Wahlrecht ist,

1. wer infolge Richterspruchs das Wahlrecht nicht besitzt,
2. derjenige, für den zur Besorgung aller seiner Angelegenheiten ein Betreuer nicht durch einstweilige Anordnung bestellt ist, ...
3. wer sich aufgrund einer Anordnung nach § 63 in Verbindung mit § 20 des Strafgesetzbuches in einem psychiatrischen Krankenhaus befindet.«

# Wer ist das Volk?

Was bedeutet das alles nun für das Wahlrecht von Geburt an? Das demokratische Grundrecht wählen zu dürfen, schreibt mit Artikel 20 das Recht dem Volk zu. Nicht dem volljährigen Volk, auch nicht dem Volk ab dem 18. Lebensjahr, sondern dem Volk. Das Wahlrecht ist ein Grundrecht. Grundrechte stehen allen Bürgerinnen und Bürgern von der Geburt (teilweise schon davor) bis zum Tod (teilweise auch danach) zu.

Isabel Rupprecht schreibt dazu in dem sehr lesenswerten Buch »Das Wahlrecht für Kinder« (Nomos-Reihe ›Studien zum öffentlichen Recht‹, Band 10):

»Grundsätzlich ist davon auszugehen, dass die Grundrechte jedem zustehen, der unter den persönlichen Schutzbereich des jeweiligen Grundrechts fällt und zwar unabhängig von der Frage, ob die Person auch tatsächlich in der Lage ist, von dem Grundrecht Gebrauch zu machen. Das Inne-

haben eines Grundrechts kann nämlich nicht von der Möglichkeit der Ausübung abhängig gemacht werden.«
Gäbe es also in unserer Verfassung das Wahlrecht betreffend nur Artikel 20, wäre das Wahlalter Null obligatorisch, das Wahlrecht jedes Kindes wäre selbstverständlich. Denn selbstverständlich gehören Kinder zum Volk, ihnen stehen alle Grundrechte ohne jede Einschränkung zu.

Wie in den eingangs zitierten gesetzlichen Bestimmungen ausgeführt, kann das aktive (und passive) Wahlrecht entzogen werden. Dies betrifft aber nur Menschen, deren Betreuung »*alle* Angelegenheiten« umfasst. Das bedeutet, dass die Betreuung alle Lebensbereiche betrifft, angefangen von der Unterbringung, über die Verpflegung, Erledigung sämtlicher Geschäfte bis hin zur ärztlichen Versorgung. Früher nannte man diesen Fall »Entmündigung«. Das trifft für die wenigsten zu und so haben auch die meisten geistig behinderten oder dementen Menschen ein Wahlrecht. Nur, wenn gerichtlich ein Betreuer zur Besorgung *aller* Angelegenheiten bestellt wird, verfällt das Wahlrecht. Ich sehe auch das negativ und könnte mir durchaus vorstellen, dass eine Möglichkeit geschaffen wird zu verfügen, dass das Wahlrecht – sollte man selbst aufgrund von geistiger oder physischer Behinderung das aktive Wahlrecht nicht ausüben können – auf eine Vertrauensperson übertragen wird. Für diejenigen, die von Geburt an eine solche Beeinträchtigung haben, muss entsprechend eine Vertrauensperson bestimmt werden.

Es dürfen also auch psychisch kranke und demente Menschen wählen, sofern sie nicht unter einer Betreuung für »alle ihre Angelegenheiten« stehen. Damit wird deutlich, dass das Wahlrecht als Grundrecht nicht abhängig davon ist, ob man es selbst ausüben kann. Ferner kann das aktive

Wahlrecht durch Richterspruch entzogen werden, beispielsweise bei schweren Straftaten und auch dann nur für maximal fünf Jahre. Zu diesen schweren Straftaten zählen z.B. Vorbereitung eines Angriffskrieges, Landesverrat, Wahlfälschung, Wähler- und Abgeordnetenbestechung und ähnliche Delikte.

Das heißt, Menschen mit eingeschränkter Einsichts- und Beurteilungsfähigkeit dürfen wählen. Auch bei Menschen, die schwere verbrecherische Taten begangen haben, kann, muss aber nicht, das Wahlrecht für maximal fünf Jahre entzogen werden.

Kindern und Jugendlichen, die unbestritten mit allen Grundrechten unserer Verfassung ausgestattet sind und die ebenso unbestritten zum »Staatsvolk« gehören, wird das Wahlrecht immerhin für 18 Jahre minus einem Tag durch Artikel 38 GG entzogen.

Für diese einschneidende Maßnahme werden entsprechende Gründe aufgeführt: Kinder und Jugendliche seien nicht fähig zu wählen, eine Stellvertreter-Funktion der Eltern widerspräche dem demokratischen Grundprinzip »one man – one vote« genauso wie den Prinzipien des Artikels 38 GG der allgemeinen, unmittelbaren, freien, gleichen und geheimen Wahl. Außerdem würde es auch der – allerdings weder in der Verfassung noch im Bundeswahlgesetz festgelegten – Höchstpersönlichkeit der Wahl widersprechen. Dieser nirgends festgelegte Grundsatz habe Verfassungsrang.

Ich möchte mich als Nichtjuristin nicht auf juristisches Glatteis begeben, aber als Bürgerin nachfragen dürfen, ob dies alles stichhaltig ist und mich dabei auf den juristischen Sachverstand von Expertinnen und Experten berufen. Denn es bleibt, wie die Justizsenatorin a.D. und Rechtsanwältin Lore Maria Peschel-Gutzeit schreibt, festzuhalten:

»Der Verfassungsgrundsatz nach welchem die Abgeordneten des Deutschen Bundestages in allgemeiner, unmittelbarer, freier, gleicher und geheimer Wahl gewählt werden ist durch die Beschränkung auf alle Menschen ab 18 Jahren eingeschränkt.«

Artikel 38 GG nennt als erstes das Prinzip der Allgemeinheit der Wahl, das besagt, dass niemand, der oder die zum Staatsvolk gehört von den Wahlen ausgeschlossen werden darf, weder aus politischen, wirtschaftlichen noch sozialen Gründen. Dies hat das Bundesverfassungsgericht so entschieden, gleichzeitig aber auch, dass dieser Grundsatz nicht in »voller Reinheit« umgesetzt werden kann, wenn zwingende Gründe dagegen sprechen.

Solche zwingenden Gründe werden, wie schon geschildert, in § 13 des Bundeswahlgesetzes genannt. Es ist nun zu fragen, ob es solche zwingenden Gründe auch für den Ausschluss für unter 18-Jährige gibt.

Das Wahlrecht war nie gänzlich »neutral« oder »objektiv«. Das gilt bis heute, angefangen von der Einteilung von Wahlkreisen, über die 5%-Klausel, die Entscheidung ob es ein Verhältnis- oder ein Mehrheitswahlrecht gibt, bis hin zur Gewichtung von Stimmen, die sich dann in Überhangmandaten ausdrücken oder nicht. Auch historisch gab es in der Geschichte des Wahlrechts in Deutschland schon immer, nach Ansicht der jeweils Verantwortlichen, angeblich gut begründete und stichhaltige Argumente, bestimmte Gruppen vom Recht zu wählen generell auszuschließen.

In Bayern durften nach der Verfassung von 1818 nur Männer, die Besitz nachweisen konnten und einer christlichen

Konfession angehörten, wählen. Damit galt das Wahlrecht durch den Ausschluss aller Frauen, Nichtchristen und Nichtbesitzenden allein für 10 bis 20 Prozent der bayerischen Bürger und Bürgerinnen.

Auch die Paulskirchenverfassung von 1848 schloss Frauen mit großer Selbstverständlichkeit aus und selbst in der SPD, die später Vorreiterin des Frauenwahlrechts war, fand ein entsprechender Antrag auf dem Parteitag von 1875 noch keine Mehrheit des Parteitags. Es dauerte noch bis Januar 1919, bis die Frauen in der Weimarer Republik wählen durften.

Die Gründe, die für ihren Ausschluss vom Wahlrecht angeführt wurden, waren in diesen Jahrzehnten ähnlich, wie die gegen das Wahlrecht für Kinder und Jugendliche:

✗ ihre Befähigung, politische Zusammenhänge zu erkennen, sei nicht gegeben,

✗ sie wüssten das Stimmrecht nicht zu gebrauchen,

✗ sie würden durch die Beschäftigung mit Politik ihre häuslichen Pflichten vernachlässigen,

– es würde ihr Gemüt verrohen,

– bis hin zu biologistischen Begründungen, dass das Gehirn der Frauen zu klein sei, um Politik zu verstehen.

Das ging in Europa bis weit in das letzte Jahrhundert so weiter: Frauen fehlt die geistige Reife, sich mit politischen Fragen zu beschäftigen, sind leicht zu beeinflussen und deshalb geneigt, extreme und populistische Parteien zu wählen und außerdem viel zu emotional für das sachliche politische Geschäft. Diese letzten Argumente stammen aus der Schweiz und wurden 1967 diskutiert. Die Schweiz hat vor gerade mal 23 Jahren, also erst im Jahr 1990 endlich auch in ihrem letzten Kanton das Frauenwahlrecht eingeführt.

Ersetzen wir »häusliche« durch »schulische« Pflichten und das Wort Frauen durch Kinder, ergibt das eine Aufzählung der – genauso wie beim Frauenwahlrecht absurden – Begründungen gegen das Wahlrecht von Geburt an. Der Wahlrechtsentzug aufgrund des Alters wechselte in Deutschland. So betrug das Mindestalter einmal 25 Jahre (Paulskirchenverfassung), mal 20 (Weimarer Verfassung), mal 21 (Grundgesetz von 1949 bis 1970) und heute 18 Jahre. Nicht immer waren das Wahlalter und die Volljährigkeit wie heute identisch.

Weil es also Beschränkungen des Wahlrechts in unserer Verfassung schon immer gab, entwickelte das Bundesverfassungsgericht, wie Lore Maria Peschel-Gutzeit in ihrer Stellungnahme zum Antrag »Mehr Demokratie wagen – für ein Wahlrecht von Geburt an« schreibt, »die erstaunliche These, es sei von jeher aus zwingenden Gründen als mit der Allgemeinheit der Wahl verträglich angesehen worden, dass das Wahlrecht begrenzt werden kann.« Dies sei – sagt sie weiter – »erkennbar keine Begründung, sondern der Ersatz einer Begründung.«

# Die Allgemeinheit der Wahl und die Fähigkeit zu wählen

Nun ist sicher unbestritten, dass ein Säugling oder Kind in den ersten Lebensjahren nicht in der Lage ist, selbstständig zu wählen. Daraus ergeben sich mehrere Fragestellungen.

Kann die Verletzung der Allgemeinheit der Wahl, wie sie derzeit durch die Altersgrenze von 18 Jahren regelmäßig stattfindet, mit der mangelnden Befähigung von Kindern zu wählen, begründet werden?

Verstößt eine Stellvertretung durch die Eltern gegen die Höchstpersönlichkeit der Wahl und wäre dies verfassungswidrig?

Wie bisher klar wurde, sind Kinder von Geburt an Träger aller Grundrechte der Verfassung, mit Ausnahme des Grundrechts zu wählen. Sie sind ebenfalls von Geburt an rechtsfähig und können so z. B. auf Schmerzensgeld klagen, wenn sie durch Fremdverschulden verletzt wurden. Sie können Besitz haben bzw. erwerben oder Aktionäre sein. In all diesen und anderen Fällen werde sie von ihren Eltern vertreten. Sie sind ab dem 14. Lebensjahr strafmündig und ab dem 12. bzw. 14. Lebensjahr religionsmündig. Es gibt eigentlich nur zwei – sinnvolle – Ausnahmen, von denen Kinder und Jugendliche ausgeschlossen sind, sie können keine Ehe schließen und kein Testament errichten. Dennoch wird argumentiert, Kinder seien unfähig dazu, ihr Wahlrecht auszuüben. Deshalb muss nochmals die Frage gestellt werden, ob jemandem ein Grundrecht aberkannt werden darf, weil er oder sie es nicht ausüben kann. Isabel Rupprecht kommt in ihrem bereits erwähnten Buch »Das Wahlrecht für Kinder« zu dem eindeutigen und belegten Schluss:

»Zahlreiche Grundrechte erfordern neben der Inhaberschaft des Grundrechts das Vorliegen zusätzlicher persönlicher Eigenschaften, um das entsprechende Recht auch geltend machen zu können. Genannt seien hier nur die Meinungsfreiheit nach Artikel 5 GG, die Versammlungsfreiheit nach Artikel 8 GG oder das Petitionsrecht nach Artikel 17 GG. Die Ausübung und Wahrnehmung dieser Grundrechte erfordern eine gewisse geistige Reife. Ob diese erst mit Erreichen des Volljährigkeitsalters ausreichend vorhanden ist, kann dahinstehen. Das Bundesverfassungsgericht hält es für möglich, dass diese auch schon zu einem früheren Zeitpunkt vorliegen kann.

Jedenfalls ist die Unterscheidung zwischen Inhaberschaft und Ausübung eines Grundrechts üblich. Dies spricht gegen ein dem Grundgesetz innewohnendes Prinzip, wonach beide Aspekte des Wahlrechts in einer Person zusammenfallen müssen.« Das bedeutet konkret: Auch, wenn Kinder (noch) nicht fähig sind zu wählen, muss bzw. darf ihnen deshalb das Wahlrecht nicht aberkannt werden.

# Muss man seine »Reife« nachweisen, um wählen zu dürfen?

Juristisch wird, wie Lore Maria Peschel-Gutzeit in der Anhörung zum Antrag »Mehr Demokratie wagen – für ein Wahlrecht von Geburt an« ausgeführt hat, wie folgt argumentiert: »Voraussetzung für das Wahlrecht sei, dass sich die an den Wahlen mitwirkenden Bürger an der politischen Meinungsbildung beteiligen können. Die Bürger müssten diskursfähig sein und an einer Bewertung politischer Ansichten überhaupt teilnehmen können. Andere argumentieren, politische Mitwirkungsrechte seien vor allem die Möglichkeit der Selbstentscheidung der Betroffenen in eigenen Angelegenheiten.« »Wenn dies gilt«, meint Lore Maria Peschel-Gutzeit, »müssten Kindern sofort politische Mitwirkungsrechte eingeräumt werden. Denn zweifellos sind sie von vielen staatlichen Vorschriften betroffen, man denke nur an den Generationenvertrag, die Sozialversicherung, an die Bioethik, an die Genforschung u. a.

Dieses Ergebnis werde jedoch mit einem kleinen Kunstgriff wieder in Frage gestellt: Unser Grundgesetz, so wird gesagt, gewähre politische Rechte nur den Staatsbürgern, und das seien nur solche, die einen freien politischen Willen bilden könnten. Und wenn das Bundesverfassungsgericht schließlich meint, dass sich demokratische Herrschaft nur durch einen Willensbildungsprozess von bestimmter Qualität legitimieren lasse, so muss man wirklich fragen, ob diese höchst qualifizierte Einschätzung noch etwas mit dem durchschnittlichen Niveau unserer Staatsbürger zu tun hat.

An die Stelle der Wirklichkeit tritt die Fiktion: Diese besagt, dass alle Wähler politisch informiert sind und über die nötige politische Urteilskraft verfügen. Und die Abhaltung von Wahlen ohne mögliche Diskussion von politischen Inhalten wäre, so wird argumentiert, eine Farce. Vergleicht man diese hohen Ansprüche mit der Wirklichkeit eines Wahlkampfes, erkennt man mühelos, wie weit Ideal und Wirklichkeit voneinander entfernt sind. Aber wer so argumentiert, hat ein Instrument gefunden, um junge Menschen vor der Volljährigkeit von der Wahl auszuschließen.«

Und der Bundestagsabgeordnete Steffen Reiche führte in der Debatte zu dem Antrag »Der Zukunft eine Stimme geben ...« aus:

»Keiner von uns hat etwas dagegen, dass ein 80-jähriger oder ein 90-jähriger Parlamentarier wählt, die Entscheidungen treffen, die Jahrzehnte über sein eigenes Leben hinauswirken. Aber wir wollen und können nicht akzeptieren, dass rund 14 Millionen Bürger unseres Staates, und zwar die, die am längsten von diesen Entscheidungen betroffen sind, nicht mitwählen dürfen.«

Es darf also bezweifelt werden, ob dieser Maßstab der vorhandenen oder nicht vorhandenen Reife praktikabel und vor allem gerecht an ein Mindestalter von 18 Jahren gekoppelt werden kann. Wenn eine solche Befähigung als Bedingung für das Wahlrecht für nötig gehalten würde, müsste als nächster – von mir abgelehnter – Schritt zwangsläufig ein Höchstalter folgen, oder genauso unsinnig ein »Wahlfähigkeitstest« für alle und nur die, die ihn bestehen dürften auch wählen.

All das hat mit Demokratie nichts mehr zu tun, weder das Mindestalter, das im Übrigen in einigen Bundesländern für Kommunalwahlen niedriger ist, als 18 Jahre, noch ein Höchstalter, noch eine Prüfung der Wahlbefähigung.

# Jugendliche haben durchaus politisches Interesse und Sachverstand

Das Märchen, Kinder und Jugendliche würden das politische Geschehen nicht begreifen und hätten weder eine politische Meinung, noch wären sie in der Lage sich eine zu bilden, wird durch ständige Wiederholung nicht wahrer. Das Deutsche Jugendinstitut hat in einer Untersuchung 2003 festgestellt, dass 90 Prozent der 16- und 17-Jährigen es für sinnvoll halten, sich an Wahlen zu beteiligen. Professor Hurrelmann stellte in einer Befragung fest, dass bereits 13- bis 14-Jährige ein ähnlich hohes politisches Interesse wie die 18- bis 25-Jährigen haben und nur 35 Prozent aller Jugendlichen gar kein Interesse an Politik zeigen. Und er wies auch auf die Veränderung der heutigen Jugend hin, die heute eine viel größere Selbstständigkeit aufweist, als dies zu meiner Jugendzeit Mitte des letzten Jahrhunderts der Fall war.

Ich habe in vielen Schulklassen mit Grund- und Hauptschülern und -schülerinnen, mit Realschülern und -schülerinnen und mit Gymnasiasten und Gymnasiastinnen diskutiert. Nachdem die erste Scheu gefallen war, dass da so eine »Promi« steht, habe ich mich ebenso kompetenten und manchmal ebenso naiven Fragen stellen müssen, wie in Diskussionen mit Erwachsenen auch, nur mit einem kleinen – aber wichtigen – Unterschied: Die Schüler und Schülerinnen merkten sofort, wenn ich Ausflüchte versuchte oder nicht klar antwortete und hakten solange nach, bis ihnen (und mir) der Sachverhalt klar war.

Auch das Märchen, Kinder und Jugendliche seinen anfälliger für Populismus und Extremismus, ist für mich nicht nachvollziehbar. Natürlich gibt es Jugendliche mit extremen Neigungen, aber die gibt es bei Erwachsenen auch. Mir ist nicht bekannt, dass deshalb, außer wenn er oder sie sich im Sinne des § 13 des Bundeswahlgesetzes strafbar gemacht hat, irgendjemandem das Wahlrecht entzogen worden wäre.

Unbestritten ist, dass Säuglinge und Kleinkinder und auch Schulkinder in den ersten Schuljahren das Wahlrecht nicht selbst ausüben können. Deshalb schlage ich (und andere) ja auch kein Kinderwahlrecht vor, sondern ein Wahlrecht, das bis zu dem Zeitpunkt, zu dem sich der junge Mensch selbst in ein Wählerverzeichnis einträgt, von seinen Eltern ausgeübt werden kann.

Damit stellt sich die Frage: Ist eine solche Stellvertretung zulässig und verträgt sie sich mit dem vermeintlichen Prinzip der Höchstpersönlichkeit der Wahl?

# Stellvertretung der Kinder
## durch Eltern

Udo Hermann, der das Wahlrecht von Geburt an in seinem Buch »ökonomische Analyse eines Kinderwahlrechts« auch aus ökonomischer Sicht positiv bewertet hat, schreibt dazu: »Minderjährige Kinder besitzen zwar keine Wahlberechtigung, dürfen aber: ab Geburt z. B. Immobilienbesitzer, Unternehmer, Aktionär mit Stimmrecht und Steuerzahler sein, ab dem 14. Lebensjahr die Religionsfreiheit genießen und ab dem 16. Lebensjahr heiraten, unter bestimmten Voraussetzungen Auto fahren und an den Sozialwahlen teilnehmen.

Bei privaten Gütern ist es in einer Marktwirtschaft selbstverständlich, dass Erwachsene selbst wählen dürfen, welches Produkt sie für ihren Konsum kaufen möchten. Diese Freiheit wird vor allem durch ihr Einkommensbudget beschränkt, aber in der Regel nicht durch ein Kaufverbot.

Bei diesen Gütern, die über den Markt zur Verfügung gestellt werden, so wird durch das Sorgerecht und die Sorgepflicht deutlich, wird der Altruismus der Eltern als ausreichend betrachtet, um Kinder mit Lebensmitteln, Kleidung usw. effizient und gemäß ihrer ›wahren‹ Präferenzen zu versorgen.

Was spricht nun gegen Eltern als Vertreter ihrer Kinder bei Ausübung des Wahlrechts, wenn man zusätzlich Folgendes bedenkt: Eltern erhalten Kindergeld, um es für und im Sinne ihrer Kinder zu verwenden. Wenn sie sie auch bei Wahlen vertreten dürften, erhielten sie einen zusätzlichen Realtransfer. Es gäbe nur folgenden Unterschied: Wenn sie das Kindergeld missbräuchlich verwenden, schaden sie ihren Sprösslingen. Wenn sie ›falsch‹ in deren Sinnen wählen sollten, können sie ihnen aufgrund des mangelnden individuellen Stimmgewichts niemals persönlich schaden. Unabhängig davon könnte man ihnen – wie allen Wählern – ex post nur eine moralische (Kollektiv-) Schuld vorwerfen, wenn sie zur Mehrheit gehörten, die ›falsch‹ gewählt hat.

Mit dem Sorgerecht und dem Realtransfer Kindergeld gibt man Eltern also individuell außerordentlich viel mehr Verantwortung als mit dem Realtransfer des Wahlrechts.«

Natürlich gibt es keine Gewähr dafür, dass Eltern immer im Interesse ihrer Kinder wählen, aber diese Gewähr gibt es auch nicht bei anderen, für das Kind noch wichtigeren Stellvertretungen. Gibt es die Gewähr z. B. dafür, dass Eltern für ihre Kinder die richtige Schule aussuchen, sie so ernähren, dass sie gesund bleiben oder, falls die Kinder vielleicht von den Großeltern Geld oder Immobilien ererbt haben, diese so zu verwalten, wie es im Interesse ihrer Kinder ist? In all diesen Fragen nimmt die Gesellschaft, nimmt der Gesetzgeber die Stellvertretung durch die Eltern nicht nur hin, sondern sieht sie auch entsprechend Artikel 6 GG ausdrücklich vor. Deshalb ist die Stellvertretung auch bei Wahlen zulässig. Zu diesem Schluss komme nicht nur ich, sondern auch ausgewiesene Juristen und Juristinnen, so Isabel Rupprecht:

»Damit steht fest, dass das Stellvertreterwahlrecht den Grundsatz der höchstpersönlichen Wahl zwar durchbricht, denn die Einheit von Wahlrechtsinhaberschaft und Wahlrechtsausübung wird hier beseitigt. Allerdings ist dieser Inhalt des Höchstpersönlichkeitsgrundsatzes kein dem Demokratieprinzip des Artikel 20 GG zu entnehmender Gehalt. Die Ewigkeitsklausel des Artikel 79 Abs. 3 GG entfaltet daher keine Sperrwirkung für den Falle einer Verfassungsänderung zugunsten des Stellvertreterwahlrechts. Da bei dem Grundsatz der höchstpersönlichen Wahl nicht jeder Aspekt in den Anwendungsbereich des Artikel 79 Abs. 3 GG fällt, steht er daher einer Einführung des Stellvertreterwahlrechts durch Verfassungsänderung nicht entgegen. Das Stellvertreterwahlrecht verstößt nicht gegen solche Grundsätze des Grundgesetzes, die dem Schutz der Ewigkeitsklausel aus Artikel 79 Abs. 3 GG unterstellt und daher einer Verfassungsänderung unzugänglich sind. Eine Einführung des Stellvertreterwahlrechts ist daher unter verfassungsrechtlichen Gesichtspunkten grundsätzlich möglich.«

Aber ist das dann noch wirklich demokratisch? Was ist mit dem Prinzip »one man – one vote« und mit dem der Höchstpersönlichkeit der Wahl?

Zur Erinnerung: Der Grundsatz der Höchstpersönlichkeit findet sich weder in Artikel 20 noch in Artikel 38 unserer Verfassung, sondern nur im Paragraphen 14 des Bundeswahlgesetzes, in dem es heißt, dass jeder Wahlberechtigte sein Wahlrecht nur einmal und nur persönlich ausüben kann. (Eine Gesetzessprache, die beide Geschlechter berücksichtigt ist in diesem Gesetz immer noch nicht angekommen.)

Aber es trifft zu, dass das Wahlrecht von Geburt an, das von den Eltern so lange stellvertretend für ihre Kinder ausgeübt wird, bis diese es an sich ziehen, kein »höchstpersönlich« ausgeübtes Wahlrecht ist. Warum führt das Bundeswahlgesetz überhaupt dieses Wort »persönlich« ein? Es leitet sich nach Ansicht des Gesetzgebers aus den Worten des Artikels 38 des Grundgesetzes ab, dass die Abgeordneten u. a. in unmittelbarer, geheimer und gleicher Wahl zu wählen sind. Es muss immer gefragt werden, warum werden solche Worte gewählt, was wollen sie erreichen bzw. verhindern?

Das Wort »unmittelbar« will erreichen, dass die Abgeordneten direkt vom Staatsvolk gewählt werden und verhindern, dass zwischen das Staatsvolk und die Abgeordneten Wahlmänner und -frauen geschaltet werden. Letztere könnten dann entgegen des Wähler/innen-Willens andere Mehrheiten als gewünscht herbeiführen. Dies kann kein Argument gegen ein Wahlrecht von Geburt an sein und gegen ein Stellvertreter-Wahlrecht der Eltern. Denn diese sind keine Wahlmänner und -frauen und würden stellvertretend und im Interesse ihrer Kinder wählen, der Wählerwille würde nicht verfälscht.

Dem Sinngehalt der Unmittelbarkeit der Wahl widerspricht daher das Wahlrecht von Geburt an genauso wenig wie dem Prinzip der geheimen Wahl.

Das Wort »geheim« richtet sich nämlich gegen mögliche Bestrebungen, Wähler und Wählerinnen zu zwingen, ihre Stimmen offen abzugeben. Auch Eltern, die stellvertretend für ihre Kinder wählen, wählen geheim und daher ist auch dies kein Argument gegen ein Wahlrecht von Geburt an.

Ich will nicht wegdiskutieren, dass eine Stellvertreterwahl keine persönliche Wahl ist und dass die Gleichheit der

Wahl – one man, one vote – verletzt sein könnte. Abgesehen davon, dass längst nicht mehr nur die »men«, sondern auch die »women« wählen, sollten wir uns unsere europäischen Nachbarn anschauen. Stimmt es wirklich, wie es die Zeitschrift »Das Parlament« nach der Debatte zum Wahlrecht von Geburt an schrieb: »Nicht ohne Grund hätten die Demokratien Europas das Wahlrecht für unübertragbar erklärt?«

Stimmt nicht! Die älteste Demokratie Europas, Großbritannien, und eine erhebliche Zahl der Commonwealth Staaten kennen die Möglichkeiten des Übertragens des Stimmrechts auf jemand anderen. In den Formblättern zu den Wahlen heißt es dort: »I want someone else to vote for me.« (Ich wünsche, dass jemand anderes für mich wählt.) und im Weiteren wird ausgeführt, dass für alle zukünftigen Wahlen, oder nur für eine bestimmte Wahl, abweichende Regelungen bestimmt werden können. Auch die Demokratie Frankreichs findet nichts dabei, das Stimmrecht zu übertragen. Professor Konrad Löw, einer der Vorkämpfer für ein Wahlrecht von Geburt an, schreibt:

»Der französische Ministerpräsident Jospin, bis zum ersten Wahlgang aussichtsreicher Präsidentschaftskandidat, stand nach seinem Scheitern zwischen dem Dilemma, Chirac, Le Pen oder totale Abstinenz beim zweiten Wahlgang. Dazu hieß es in der Süddeutschen Zeitung: ›Wen Jospin wählt, das bleibt ein Geheimnis. Da es in Frankreich keine Briefwahl gibt, hat er einem Freund die Vollmacht gegeben, für ihn in die Wahlkabine zu gehen.‹«

Und Konrad Löw führt weiter aus:

»Dieser Sachverhalt in den traditionsreichen Demokratien Europas macht deutlich, dass der eingangs skizzierte Einwand gegen das Stellvertretermodell nicht stichhaltig ist.

Entgegen verbreiteter Meinung ist auch das Grundgesetz insofern kein Hindernis: Das Wahlrecht kann durchaus übertragbar sein. Es nennt in Artikel 38 Abs. 1 fünf Merkmale demokratischer Wahlen: ›Die Abgeordneten [...] werden in allgemeiner, unmittelbarer, freier, gleicher und geheimer Wahl gewählt.‹«

Von »höchstpersönlich« ist nicht die Rede. Wir finden dieses Gebot nur in den Wahlgesetzen. Dort hat es seine Berechtigung. Warum? Damit mit der Stimme kein Missbrauch getrieben werden kann, wie zum Beispiel verkaufen, verschenken, versteigern, abnötigen lassen. Das alles sind reale Erfahrungen der Wahlrechtsgeschichte. Doch diese Gefahr besteht nur, wenn die Übertragung durch einen Willensakt erfolgt. Geschieht sie kraft Gesetzes, so ist sie ausgeschlossen. Auch in Deutschland gibt es sowohl in den Bereichen des öffentlichen wie des privaten Rechts die Möglichkeit der Stimmrechtsübertragung, so in den Gremien der Hochschulen, im Aktienrecht, im Vereinsrecht, um nur einige Beispiele kurz anzusprechen.«

Das bedeutet, dass es gewollt und rechtens ist, dass Eltern zusätzlich zu ihrer Stimme für einen begrenzten Zeitraum eine zusätzliche Stellvertreterstimme für ihre Kinder hätten. So ungewöhnlich ist das auch im deutschen Wahlrecht nicht.

# Der Aspekt der Höchst-
# persönlichkeit der Wahl und
# die geheime Wahl

Die Möglichkeit der Briefwahl ist keine Stellvertreterwahl, aber die geheime Stimmabgabe kann zumindest nicht kontrolliert und damit gewährleistet werden und die Möglichkeit gebrechlichen und kranken Menschen dabei Hilfestellung zu geben, kommt einer Stellvertreterwahl zumindest recht nahe.

Die rechtliche Lage ist dabei klar: gebrechlichen, kranken, behinderten, dementen Menschen darf beim Wählen nur passiv geholfen werden, z. B. indem gezeigt wird, wo man das Kreuz machen oder unterschreiben muss, oder bei Menschen, die nur noch schwer lesen können, indem man ihnen die Liste der Parteien oder Kandidatinnen und Kandidaten vorliest. Wie das aber in den Familien, oder auch in Alten- und Pflegeheimen in der Wirklichkeit aussieht, kann nur vermutet werden und hin und wieder weiß man es auch.

Nehmen wir, um niemanden zu diskriminieren, ein fiktives Gespräch der 95-jährigen Urgroßmutter Renate Schmidt mit ihrem 20-jährigen Urenkel Adrian.

ADRIAN: *Bald sind wieder Bundestagswahlen, Oma. Willst Du auch wählen?*
OMA RENATE: *Wahlen? Die waren doch erst vor ein paar Wochen.*
ADRIAN: *Nein Oma, die waren letztes Jahr und es waren Landtags- und Kommunalwahlen.*
OMA RENATE *(murmelt): Kommunalwahlen? Kommunalwahlen? lauter: Ach so und was wählen wir jetzt?*
ADRIAN: *Jetzt wird der Bundestag gewählt und die Bundeskanzlerin.*
OMA RENATE: *Wieso Bundeskanzlerin, ich habe immer Willy Brandt und dann Helmut Schmidt gewählt.*
ADRIAN: *Die sind doch schon lange tot, jetzt haben alle Parteien Frauen als Spitzenkandidatinnen, nur so eine rechte Splitterpartei hat einen Mann.*
OMA RENATE: *Frauen habe ich immer gern gewählt, ich bin auch mal gewählt worden, also das muss ich Dir erzählen …*
ADRIAN: *Diese Geschichte kenne ich doch Oma, das ist jetzt bald sechzig Jahre her. Also willst Du nun wählen oder nicht?*
OMA RENATE: *Ja, freilich will ich wählen, und ich wähle wieder den Helmut Schmidt.*
ADRIAN: *Das geht doch nicht, der ist doch tot.*
OMA RENATE: *Was soll ich denn dann wählen?*
ADRIAN: *Soll ich das für Dich ausfüllen Oma? Ich glaub ich weiß, wen Du wählen willst.*
OMA RENATE: *Ja, mach Du das, ich kenn' mich da nicht so aus.*

*Und Adrian kreuzt für seine Oma mit der Erststimme die SPD
an – das ist er seiner Oma schuldig – und mit der Zweitstimme die
GRÜNEN, das ist er seiner politischen Überzeugung schuldig und
zeigt seiner Oma dann, wo sie unterschreiben muss.*

Wie durch ein Wunder sind die Mehrheiten in Altenwohnheimen der Caritas meist sehr unionslastig und in denen der AWO hat die SPD eine haushohe Mehrheit. Das mag korrekt zugegangen sein, oder auch nicht ...

Hin und wieder fliegen jedoch Manipulationen auf und Betreiber oder das Pflegepersonal müssen sich für zu viel Hilfestellung rechtfertigen. Wie auch immer die Hilfestellung aussehen mag, mit einer geheimen und höchstpersönlichen Wahl hat dies alles wenig zu tun.

Ich plädiere nun weder für das Abschaffen der Briefwahl, noch für den Entzug des Wahlrechts für demente oder andere Menschen mit Behinderung. Ich schließe mich im Gegenteil dem Vorsitzenden des Bundesverbands der Berufsbetreuer, Förter-Vondey an, der 2009 den Ausschluss von der Wahl für Menschen, die mit der Besorgung aller ihrer Angelegenheiten unter Betreuung stehen, laut der Zeitschrift DER SPIEGEL (38/2009) wie folgt kritisiert hat:

»Ein solcher Ausschluss vom Wahlrecht ist mit der UN-Konvention zum Schutz der Rechte behinderter Menschen eigentlich nicht zu vereinbaren. Demenzkranke würden in Deutschland nach willkürlichen Kriterien vom Wählen ausgeschlossen. Die umfassende Betreuung trifft Menschen ohne Angehörige und Rücklagen, während ähnlich Kranke mit Familie die Wahlunterlagen weiter erhalten.«

In demselben Artikel wird der amerikanische Jurist und

Bioethiker Richard Bonnie erwähnt, der in einem Ländervergleich zum Wahlrecht Demenzkranker zu dem Ergebnis gekommen ist, dass in Deutschland die Gefahr eines übergroßen Ausschlusses besteht. Und der erwähnte Vorsitzende des Bundesverbandes der Berufsbetreuer fordert daher »ein transparentes Verfahren zur Willensbestimmung«, statt des bisherigen Ausschlusses, ein Stellvertreter-Wahlrecht mindestens zu prüfen und fordert die Gesellschaft auf nach Möglichkeiten zu suchen, wie das Mitbestimmungsrecht der Betroffenen am besten garantiert werden kann.

Mit dem Einführen der Briefwahl hat der Gesetzgeber der Allgemeinheit der Wahl, Vorrang vor der kontrollierbaren geheimen und der höchstpersönlichen Wahl gegeben. Er wollte so ermöglichen, dass Wahlberechtigte auch bei Hinderungsgründen nicht von der Wahl ausgeschlossen werden, sondern wählen können. Mit dem Ausschluss eines Teils der betreuten eigentlich Wahlberechtigten und aller jungen Menschen unter 18 wird diese Rangfolge wieder konterkariert. Dies wiederum ist vor dem Hintergrund des Sinngehaltes der höchstpersönlichen Wahl, nämlich zu verhindern, dass Stimmen ge- oder verkauft werden, nicht notwendig.

Eine solche Gefahr wäre durch eine gesetzliche Regelung der Stellvertretung gebannt. Im Übrigen wird ein Stellvertreterwahlrecht in der Verfassung nirgendwo ausgeschlossen, sondern nur im Bundeswahlgesetz, das keinen Verfassungsrang hat.

Es bleibt also festzuhalten: Der in Artikel 38 GG explizit verankerte Grundsatz der Allgemeinheit der Wahl ist höher zu bewerten als dessen Einschränkung durch ein einfaches Gesetz, das versucht, die Höchstpersönlichkeit in unsere Verfassung hinein zu interpretieren.

# Was ist, wenn ...?

Nun gibt es neben den juristischen auch andere (ernst und weniger ernst zu nehmende) Einwände, die alle mit obiger Fragestellung beginnen. Bevor ich versuche sie zu beantworten sei vorausgeschickt, dass in der Bundesrepublik schon kompliziertere Sachverhalte und ihre Implikationen gelöst werden konnten, als es die Einführung eines Wahlrechts von Geburt an wäre. Manche dieser angeblich so schwierig zu lösenden Fragen werden daher häufig als Argument verwendet, ein Wahlrecht von Geburt an von vornherein zu verhindern.

Diese Art, eher nebensächliche Fragen in den Vordergrund zu rücken, dient nur dazu, die angebliche Undurchführbarkeit des Wahlrechts von Geburt an zu beweisen. Mit solchen Begründungen hätte z. B. niemals die allgemeine Schulpflicht eingeführt werden können, weil es ja Kinder geben könnte, die auf einer Alm wohnen und im Winter die Schule nicht erreichen können.

Eigentlich sollten nicht nebensächliche Fragen bei der Einführung des Wahlrechts von Geburt an im Vordergrund stehen, sondern als erstes die Grundsatzentscheidung für ein solches Wahlrecht getroffen, dann das Wahlalter auf null gesetzt und damit die tatsächliche Allgemeinheit der Wahl beschlossen werden. Im letzten Schritt würden dann alle damit zusammenhängenden Fragen geklärt. Ich will mich aber nicht davor drücken und die vermeintlich schwer lösbaren Probleme an dieser Stelle benennen.

# Eltern wählen anders, als es ihre Kinder wollen

Das Argument, dass Eltern anders wählen, als es ihre Kinder wollen – also ein Argument gegen ein Wahlrecht von Geburt an – wird insbesondere von der Kinderrechtsinitiative K.R.Ä.T.Z.Ä. und den GRÜNEN vorgebracht. Dies war bei den GRÜNEN auch einer der Hauptgründe, warum sich niemand beim Antrag »Der Zukunft eine Stimme geben« in der 16. Legislaturperiode beteiligte. Natürlich kann die Befürchtung, dass Eltern nicht im Interesse ihrer Kinder wählen, zutreffen, es muss aber nicht zwingend so sein.

Im Säuglings- und Kleinkindalter werden Eltern sicherlich nicht mit ihren Kindern über Politik diskutieren, sie werden ihnen auf ihre Fragen vielleicht erklären, wer diese Leute auf den Wahlplakaten sind, oder was Vater und Mutter eigentlich machen, wenn sie am Sonntag wählen gehen. Vielleicht erzählen die Eltern ihren Kindern auch, wen sie wählen, würden sich aber sicher nicht bei der Abgabe ihrer Stellver-

treterstimme an die Aussage ihres 4-jährigen Sprösslings ge-
bunden fühlen, der strahlend auf irgendein Plakat deutet und
meint: »Ich würde die wählen.«

Sie würden mit hoher Wahrscheinlichkeit mit ihrer Stellvertreterstimme genauso wählen, wie mit ihrer eigenen, sich
aber vielleicht dabei intensiver überlegen, was die Partei und
ihre Kandidaten und Kandidatinnen bisher für Kinder getan
haben bzw. tun wollen. Außerdem, wer definiert, was im
Interesse von Kindern ist: Niedrige Steuern oder mehr Kita-
Plätze, mehr Umweltschutz oder niedrige Energiepreise, usw.?
In Familien mit älteren Kindern sähe es wahrscheinlich
anders aus. Dort würde bei einem Wahlrecht von Geburt an
über Politik und anstehende Wahlen intensiver diskutiert.
Kinder würden ihre Meinung sagen, vielerorts würde brief-
gewählt, damit die Kinder sehen, wie das geht und manche
Eltern würden sich seufzend in ihr Schicksal fügen und mit
ihrer Stellvertreterstimme die coolen Piraten und mit ihrer
eigenen hoffentlich die SPD wählen. Andere Eltern würden
das nicht tun, weil sie es für ihre Kinder für besser halten, die
in ihren Augen geeignetste Partei zu wählen. Und wieder andere würden mit ihren Kindern neuere »Wahlhilfsmittel«,
wie die Wahl-O-Maten benutzen und ihre Kinder ebenso.
Alle Familienmitglieder würden die Fragen beantworten und
es käme das Ergebnis, mit dem dann alle höchst zufrieden
und manchmal auch höchst erstaunt wären.

Im letzteren Fall würde nochmals diskutiert, wieso dies
jetzt das Ergebnis ist und noch mal neu »gewahlomatet«, bis
das gewünschte Ergebnis kommt.

In anderen Fällen stimmten die Ergebnisse aller Familienmitglieder überein, in wieder anderen hätten Vater, Mutter,
Tochter, Sohn jeweils eine andere Wahlempfehlung.

In jedem Fall würde über Politik und Politiker und Politikerinnen intensiv diskutiert, eigene Positionen erklärt würden und so von anderen Familienmitgliedern zumindest verstanden werden. Und dann gingen die Eltern wählen und würden ihre Stellvertreter-Stimme im Sinne ihrer Kinder abgeben, oder auch nicht. Denn die Stimmabgabe der Eltern ist weder kontrollierbar – noch überprüfbar, sonst wäre es keine geheime Wahl mehr.

Genauso wenig kann, aus den oben genannten Gründen, kontrolliert werden, ob die Abgabe der Stellvertreterstimme im Einvernehmen mit den Kindern geschehen ist. Aber es ist anzunehmen, dass die erdrückende Mehrzahl der Eltern bei einer Wahl auch an das Wohlergehen ihrer Kinder denkt. Es ist daher nicht einzusehen, dass man allen Kindern und ihren Eltern das Wahlrecht von Geburt an versagt, weil einige wenige diese Interessen nicht berücksichtigen. Das wäre genauso, als ob man das Wahlrecht insgesamt in Frage stellen würde, weil es immer noch einige ewig Gestrige gibt, die rechtsradikale Parteien wählen. Das nächste Argument ist von ähnlicher »Qualität«.

# »Dann haben ja die mit den meisten Kindern das Sagen«

Wer »die« sind wird nicht explizit gesagt, es schwingt aber mit. »Die« – damit sind Migranten und Migrantinnen gemeint, Sozialhilfe- und Arbeitslosengeld II-Empfänger und -Empfängerinnen. Ja, soweit »die« viele Kinder haben, hätten sie stellvertretend für ihre Kinder viele Stimmen. Es stimmt auch, dass kinderreiche Familien heute, wenn überhaupt in den untersten, aber auch in den obersten Einkommensgruppen anzutreffen sind und bei Migranten der ersten Generation. In den folgenden Generationen passt sich die Geburtenhäufigkeit der der einheimischen Bevölkerung aber sehr schnell an.

Nein, es stimmt nicht, dass durch ein Wahlrecht von Geburt an kinderreiche Familien in prekären Verhältnissen und Migranten mit vielen Kindern beispielsweise aus der Türkei in Deutschland durch ein Wahlrecht von Geburt an das Sagen hätten.

Der Prozentsatz der kinderreichen Familien in Deutschland ist so gering, und wie bei allen anderen Wählerinnen und Wählern sind auch ihre politischen Präferenzen so unterschiedlich (der kinderreiche Millionär wird höchstwahrscheinlich anders wählen, als die kinderreiche, allein erziehende Hartz IV-Empfängerin), dass »die« die Wahlen garantiert nicht »bestimmen« werden und können. »Die« hätten also nicht das Sagen, aber gerechterweise etwas mehr zu sagen. Im Übrigen haben Migranten und Migrantinnen nur dann das Wahlrecht, wenn sie die deutsche Staatsbürgerschaft haben, also eingebürgert wurden. Ob dies richtig ist, obwohl sie auf Dauer hier leben, Steuern und Sozialabgaben zahlen mag dahingestellt sein (ich halte es für falsch), führt aber zu der nächsten Frage.

# Fragen und dazugehörige Antworten

*Was ist, wenn ein Kind die deutsche Staatsbürgerschaft hat, die Eltern oder ein Elternteil aber nicht?*
Das letztere ist einfach zu regeln, hätte nur ein Elternteil die Wahlberechtigung, würde er oder sie alleine das Stellvertreter-Wahlrecht für das Kind ausüben, in diesem Fall mit einer ganzen Stimme. Dies gälte nicht nur für unterschiedliche Staatsbürgerschaften, sondern auch, falls einem Elternteil das Wahlrecht entzogen worden wäre.

Sind beide Eltern aufgrund ihrer Staatsangehörigkeit nicht wahlberechtigt, können sie für ihr – deutsches – Kind auch nicht stellvertretend wählen.

Für solche Fälle könnte für das Kind von den Jugendämtern eine »Vertrauensperson« bestimmt werden, die das Wahlrecht stellvertretend ausübt, oder das Wahlrecht verfällt in diesen, zahlenmäßig nicht zu Buche schlagenden Fällen. Dies gilt auch für die folgende Frage:

*Was ist, wenn die Eltern aufgrund ihres Alters noch nicht selbst wählen dürfen?*

Auch dieser Fall dürfte höchst selten auftreten und nur dann, wenn die Jugendlichen sich noch nicht selbst in die Wählerlisten haben eintragen lassen. Aber nehmen wir an, ein 12-jähriges, nicht im Wählerverzeichnis stehendes Mädchen bekommt ein Kind, dann könnte es, mangels Wahlberechtigung auch nicht für sein Kind wählen. Dessen Wahlrecht ginge auf den Vater des Babys über, falls dieser wahlberechtigt ist, falls nicht, würde auch für derartige Fälle eine Vertrauensperson festgelegt. Die Eltern der 12-Jährigen dürften zwar stellvertretend für ihre Tochter, nicht aber für ihr Enkelkind wählen. Derartige Fälle dürften aber nicht einmal im Promillebereich liegen.

*Was ist mit Kindern, die keine Eltern haben und in einem Heim oder bei Pflegeeltern leben?*

Kinder, die keine Eltern haben, haben einen Vormund, der im Regelfall die Aufgabe hat, in allen wichtigen Fragen für die ihm anvertrauten Kinder zu sorgen. Dieser würde auch das Stellvertreterwahlrecht ausüben.

Anders stellt es sich bei Pflegeeltern dar, diese sind nicht der Vormund der Kinder und können deshalb auch nicht stellvertretend für sie wählen. In den meisten Fällen gibt es, weil den Eltern das Sorgerecht entzogen wurde, eine Amtsvormundschaft durch das Jugendamt. Die dort beauftragten Mitarbeiter und Mitarbeiterinnen könnten aber durch eine derartige Amtsvormundschaft nicht automatisch eine Stellvertreterfunktion für Wahlen bekommen. Auch in diesem Fall wären Vertrauenspersonen zu bestimmen, die selbstverständlich auch die Pflegeeltern sein könnten.

*Wie soll aber ein Wahlrecht von Geburt an organisiert werden, wenn der Geburtstag gleichzeitig der Wahltag ist?*
Wie auch diese Frage zeigt, gibt es nahezu nichts, was ich nicht schon gefragt worden wäre. Offensichtlich werden viele Menschen durch das Ungewohnte, das dem Wahlrecht von Geburt an anhaftet provoziert, Fragen zu stellen, die sie bei anderen Sachverhalten als abwegig betrachten würden. Um auch diese Frage zu beantworten: Nein, ein Kind, das am Wahltag oder auch kurz davor geboren wird hat kein Wahlrecht, das seine Eltern stellvertretend für es ausüben könnten. Auch Erwachsene müssen bei Bundestagswahlen ihren Wohnsitz seit mindestens drei Monaten im Bundesgebiet haben und auch bei Umzügen innerhalb Deutschlands sind Fristen einzuhalten, weil sonst Wahlen nur schwer organisierbar wären. Diese Fristen würden auch für neugeborene Erdenbürger und -bürgerinnen gelten.

*Aber müsste man nicht Kindern, wenn sie schon wählen dürfen, auch andere Dinge früher erlauben?*
Auch diese letzte Frage beinhaltet ein verkapptes Verhinderungsargument. Natürlich dürften Kinder deshalb nicht früher Auto fahren oder Rechtsgeschäfte tätigen. Sie würden auch nicht früher strafmündig, der Jugendarbeitsschutz würde genauso weiter gelten wie der Jugendschutz und sie dürften auch im Kino keine Filme ab 16 sehen, wenn sie erst zwölf sind.

Es gibt zu Recht, an unterschiedliche Altersgrenzen gebundene Schutzrechte für Kinder und Jugendliche. Das Wahlrecht ist aber ein Grundrecht vor dem Kinder und Jugendliche nicht geschützt werden müssen. Vielmehr sollten sie es endlich ausüben können!

# Ein Zwischen-resumee

Das Wahlrecht von Geburt an, solange es stellvertretend von den Eltern wahrgenommen wird, bis es ihre Kinder selbst wahrnehmen, entspricht Artikel 20 des Grundgesetzes, denn Kinder sind von Geburt an Teil des Staatsvolks und mit allen Grundrechten ausgestattet. Es entspricht nicht nur der in Artikel 38 GG geforderten Allgemeinheit der Wahl, sondern stellt sie überhaupt erst her.

Auch die dort festgelegten Grundsätze der unmittelbaren, freien, gleichen und geheimen Wahl werden in ihrem Sinngehalt nicht verletzt.

Verfassungsrechtlich steht der Einführung des Wahlrechts von Geburt an nur das Wahlberechtigungsalter von 18 Jahren in Artikel 38 Grundgesetz entgegen.

Diese Vorschrift kann mit einer Zwei-Drittel-Mehrheit in Bundestag und Bundesrat geändert und auf Null gesetzt werden.

Dies wiederum hätte Auswirkungen auf das mit einfacher Mehrheit zu ändernde Bundeswahlgesetz.

Das heißt also:

1. Das Wahlrecht von Geburt an ist in Einklang mit unserer Verfassung. Es ist nicht nur verfassungsgemäß, sondern entspricht dem Geist des Grundgesetzes, denn:

2. Das Wahlrecht von Geburt an stellt die geforderte Allgemeinheit der Wahl überhaupt erst her.

3. Das Wahlrecht von Geburt an kann durch die Stellvertretung der Eltern umgesetzt werden.
4. Der Sinngehalt der Gleichheit und der Unmittelbarkeit der Wahl wird dadurch genauso wenig gefährdet, wie die Geheimhaltung und die Höchstpersönlichkeit des Wahlaktes.
5. Alle eventuell auftretenden praktischen Probleme und Fragen sind lösbar.

Deshalb kann und muss das Wahlrecht von Geburt an rasch eingeführt werden!

# Von der Theorie zur gesetzgeberischen Praxis

Bisher gibt es weder im Bundestag noch im Bundesrat Mehrheiten für ein Wahlrecht von Geburt an. Aber auch das Frauenwahlrecht hatte anfänglich deutlich mehr Gegner als Befürworter und das waren beileibe nicht nur die Männer. Auch der Artikel 3, Absatz 2, unseres Grundgesetzes: »Männer und Frauen sind gleichberechtigt« stünde so nicht dort, wenn nicht das außerparlamentarische Engagement vieler Bürgerinnen und Bürger die widerwillige Mehrheit der Verfassungsväter dazu gebracht hätte. Losgetreten wurde die damalige Postkartenlawine mit der Forderung nach der uneingeschränkten Gleichberechtigung von Frauen und Männern im Grundgesetz von den wenigen Verfassungsmüttern, an der Spitze von Elisabeth Selbert.

# Mehrheiten müssen erkämpft werden

Wie wäre es also, wenn sich alle Kinder- und Familienorganisationen mit den bereits überzeugten Landtags- und Bundestagsabgeordneten zusammentäten, auf Bundesebene eine Massenpetition initiierten und auf den Landesebenen Volksbegehren und Volksentscheide auf den Weg brächten (die es leider auf Bundesebene noch nicht gibt). Ich bin überzeugt davon, dass so die Denkprozesse beschleunigt und die Überzeugungskraft der bisher geschilderten Argumente deutlich erhöht werden. Das wird kein Spaziergang und wird Standfestigkeit, Beharrlichkeit, Fantasie und Durchsetzungskraft erfordern, aber es kann und muss im Interesse vor allem unserer Kinder, aber auch von uns allen gelingen.

Nehmen wir an, Volksbegehren und Volksentscheide auf Länderebene wären erfolgreich und der Bundestag hätte eine Massenpetition angenommen. In diesem Fall sollten Bundestag und Bundesrat jeweils mit einfacher Mehrheit die Grundsatzentscheidung treffen, dass ein Wahlrecht von Geburt an eingeführt und die Bundesregierung oder auch ein anderes Gremium, z. B. eine Arbeitsgruppe aus Landes- und Bundespolitikern und -politikerinnen, beauftragt werden soll, die entsprechenden gesetzgeberischen Maßnahmen vorzubereiten.

Dabei sollten Bundestag und Bundesrat einige Vorgaben machen, z. B. ab welchem Alter der Jugendlichen es generell keine Stellvertretung durch die Eltern mehr geben sollte, also ab wann die Jugendlichen eigenständig wählen würden. Wie sollten die Eltern ihre Stellvertretung ausüben – gemeinsam oder unabhängig voneinander? Wie könnten sich noch nicht selbst wahlberechtigte Jugendliche gegebenenfalls in Wählerverzeichnisse eintragen?

Ich stelle mir vor, dass es für Bundestagswahlen ein generelles Wahlalter von 16 Jahren gibt.

Zwischen dem 12. und dem 16. Lebensjahr könnten Jugendliche sich selbstständig in die Wählerverzeichnisse eintragen lassen, das Stellvertreterwahlrecht der Eltern erlischt damit dann automatisch.

Den jetzt folgenden Aufschrei: »12 Jahre!!! Spinnt die denn?«, kann ich mir vorstellen. Ich schlage vor, dass alle, die sich darüber empören, mal ein politisches Gespräch mit 12-Jährigen und dann vielleicht mit erwachsenen wahlberechtigten Teilnehmern mancher nachmittäglichen Talkshow im Privatfernsehen führen sollten. Wer wohl besser abschneidet?

Dazu hat mich der Brief einer Mutter einer 12-jährigen Tochter erreicht:

»Meine Tochter ist jetzt 12 Jahre alt – und ja, sie lebt bei uns in einem politisch sehr interessierten Haushalt. Wenn sie dürfte, würde sie eher heute als morgen wählen wollen und empfindet es als schreiende Ungerechtigkeit, dass sie selbst nicht mitbestimmen darf, wenn es um sie geht – was die gerade aktuelle Diskussion um die Abschaffung der Studiengebühren und das Volksbegehren wieder einmal gezeigt hat. Ich kann Ihre Einschätzung der »Urteilsfähigkeit« unserer jungen Mitmenschen nur bestätigen. Sie sind neugierig, interessiert und engagiert. Die viel zitierte Politikverdrossenheit der jungen Menschen gibt es in meinen Augen nicht. Es ist vielmehr eine große Frustration über die ›Ausgeschlossenheit‹ und das Gefühl, mit ihren Ansichten und Problemen nicht wirklich ernst genommen zu werden.«

In der Grundsatzentscheidung für ein Wahlrecht von Geburt an würde auch festgelegt, dass die Eltern die Stellvertretung bei Wahlen getrennt voneinander vornehmen, d. h. dass jedes Elternteil pro Kind eine halbe Stellvertreter-Stimme bekommt, sofern sie beide sorgeberechtigt sind, wo nicht, erhält der oder die Alleinsorgeberechtigte die volle Stellvertreterstimme, ebenso die Vertrauensperson, falls es keinen wahlberechtigten Elternteil gibt.

# Die Notwendigkeit einer Verfassungsänderung

Um das Wahlrecht von Geburt an gesetzlich regeln zu können, ist als erstes eine Verfassungsänderung nötig und zwar nur die des Artikels 38 Grundgesetz, in dem bisher alle unter 18-Jährigen vom Wahlrecht ausgeschlossen wurden. Dort würde dann auch die Stellvertretung durch die Eltern geregelt. Selbstverständlich muss mein Vorschlag, bereits ab dem 12. Lebensjahr das Wahlrecht an sich ziehen zu können, nicht umgesetzt werden, es könnte sogar eine Stellvertretung durch die Eltern bis zum 18. Lebensjahr geben, die ich persönlich aber für falsch halte.

Nach der Verfassungsänderung müssten anschließend die entsprechenden Gesetze Bundeswahlgesetz, Bundeswahlordnung, Bürgerliches Gesetzbuch und wahrscheinlich eine Vielzahl von Verordnungen geändert werden, entsprechend der in der Grundsatzentscheidung beschlossenen Punkte.

An dieser Stelle wird es bestimmt den ein oder anderen

strittigen Punkt geben, aber lösbar sind alle damit zusammenhängenden Fragen.

Sicherlich erfordert ein Wahlrecht von Geburt an auch einen höheren bürokratischen Aufwand. Auch das Einführen der Briefwahl war mit mehr Bürokratie verbunden, genauso wie die Möglichkeit bei Kommunalwahlen durch Kumulieren, Panaschieren und quer über die Listen zu wählen. All diese Möglichkeiten bedeuten aber ein Mehr an Demokratie. Ich meine, dass zusätzliche bürokratische Erfordernisse nie ein Argument gegen ein solches Mehr an Demokratie sein können.

Wenn wir es wirklich wollen und uns dafür engagieren, könnten wir bei der übernächsten Bundestagswahl, spätestens bei der überübernächsten, dieses Mehr an Demokratie haben. Es würde nicht nur den Kindern sondern uns allen nützen.

Alle
Generationen
profitieren
von einem
Wahlrecht von
Geburt an

Das Wahlrecht von Geburt an bedeutet nicht nur mehr Partizipationsgerechtigkeit, d. h. mehr Teilnahme an der Demokratie für alle Staatsbürgerinnen und -bürger, sondern wird auch zu mehr Rücksichtnahme unter den Generationen führen. Denn die Interessen aller Generationen sind dann für die Politik relevant und sie muss sich bei unterschiedlichen Interessenlagen um einen Ausgleich bemühen. Der CSU-Bundestagsabgeordnete Johannes Singhammer hat das in der Debatte zum Antrag »Mehr Demokratie wagen – für ein Wahlrecht von Geburt« an so formuliert:

»Mit einem Wahlrecht für alle wird sich die Politik nicht mehr ausschließlich um die Stimmen der Majorität der Älteren und Erwachsenen bemühen, sondern wird auch die Anliegen der Kleinsten, Jüngsten und Jugendlichen nicht mehr aus den Augen verlieren. Die Betrachtung des Umfelds aus 80 Zentimetern Augenhöhe muss nicht zu einer Verzwergung der Politik führen, sondern kann auch eine neue humane Dimension eröffnen.«

# Mehr Gerechtigkeit –
## Mehr Rücksichtnahme –
### mehr Engagement

Ein Wahlrecht von Geburt an erhöht das Verständnis für das Interesse der Jungen für die Alten und der Alten für die Jungen. Das von manchen – von mir nicht – befürchtete Risiko eines »Kriegs der Generationen« wird umso geringer, je ernster genommen sich alle Generationen fühlen dürfen. Die Zielgruppe Kinder und Jugendliche wird Politiker und Politikerinnen, aber auch die Medien dazu zwingen Politik, Hintergründe und Zusammenhänge so zu schildern, dass auch Schulkinder und Jugendliche sie verstehen. Davon werden auch Erwachsene profitieren, denn die Mehrheit des erwachsenen Staatsvolkes hat allenfalls ein rudimentäres Verständnis von dem, was sich politisch so tut.

Das gilt beileibe nicht nur für so komplizierte Sachverhalte wie die diversen europäischen Rettungsschirme, sondern auch für angeblich einfache Themen wie Familien- oder Rentenpolitik, für nahezu alle außenpolitischen Fragen oder die Gesundheitspolitik. Zu all dem gibt es viele Meinungen und wenig Wissen, auf das sich diese Meinungen gründen könnten.

All das führt zu dauernden Aufgeregtheiten über meist nebensächliche Themen, verstärkt durch Twitter, facebook und mehr oder meist weniger informative Talk-Shows. Währenddessen werden die wirklich wichtigen Themen, weil angeblich zu kompliziert, nahezu unter Ausschluss der Öffentlichkeit verhandelt und entschieden.

Ein Wahlrecht von Geburt an ist natürlich kein Allheilmittel gegen solche Entwicklungen. Hinzukommen müssten mehr Möglichkeiten direkter Demokratie – also Volksbegehren und Volksentscheid – endlich auch auf Bundesebene. Aber das Wahlrecht von Geburt an ist ein weiterer Baustein, um Politik transparenter und verständlicher zu machen.

Staatsbürgerlicher Unterricht in Schulen wäre für die Kinder und Jugendlichen interessanter, denn das, was sie dort lernen, könnten sie auch umsetzen und selbst Einfluss nehmen. Der schöne Satz, dass man »für's Leben lernt« würde plastisch erfahrbar.

In den Familien wäre die Diskussion über Politik, wie schon geschildert, intensiver, weil die aufgeklärten Kinder und Jugendlichen dies einfordern würden.

Mehr Transparenz und Verständlichkeit, mehr Möglichkeiten mitzuentscheiden, könnten mehr Engagement für unsere Demokratie bedeuten und das würde unserem Staatswesen gut tun.

# Mehr Zukunftsfähigkeit

Eine Gesellschaft, in der die Interessen der Kinder und Enkelkinder den gleichen Stellenwert haben, wie die der Großeltern wird sich mehr um Zukunftsthemen kümmern und Stagnation und Stillstand nicht hinnehmen.

Notwendige Veränderungen, auch ohne sofort messbaren Nutzen, werden größere Chancen der Durchsetzung haben, z. B. Investitionen, deren Nutzen die Großelterngeneration nicht mehr erleben wird, also in Bildung und Forschung, für Familien, für die Umwelt.

Vielleicht wird ein Wahlrecht von Geburt an auch endlich dazu führen, jungen Menschen die Entscheidung für Kinder zu erleichtern. Das hätte Auswirkungen auf nahezu alle Lebensbereiche: Mehr Sicherheit der Arbeitsverhältnisse, eine andere Bewertung von Arbeit: Das Erziehen von Kindern, das Lernen in der Schule wird genauso mehr wert, wie das Betreuen und Pflegen von Kranken, Behinderten und Alten.

Das wird die Lebensqualität aller erhöhen. Nicht mehr die Ehe wird materiell gefördert, sondern die Kinder und diejenigen, die für Kinder oder pflegebedürftige Angehörige sorgen. Und vielleicht würde sogar ein bedingungsloses Grundeinkommen eingeführt, um endlich Kinderarmut und Altersarmut, die beginnt zuzunehmen, zu bekämpfen.

Wir, die heutige Generation der 65- bis 80-Jährigen, sind die erste Generation der »gewonnenen Jahre«. Wir sind überwiegend gesund und die meisten von uns haben keine großen materiellen Sorgen. Wir haben gearbeitet und gespart, unsere (noch zahlreicheren) Kinder großgezogen, aber auch von der längsten Friedensperiode, dem medizinischen Fortschritt und von Reformen profitiert, die unsere materielle Sicherheit gewährleistet haben. Gerade Letzteres trifft für unsere Kinder und Enkel nur noch eingeschränkt zu.

Diese Rentner- und Rentnerinnengeneration wird sich überlegen müssen, wie sie ihren Ruhestand gestaltet. Sie wird sich überlegen müssen, ob es reicht zu fragen: »Wie wollen wir leben?«, oder ob es nicht besser wäre zu fragen: »Wie sollen wir leben?«

Die Antwort kann nur heißen: Wir müssen so leben, dass wir weiter nützlich sind für die Generation unserer Kinder und Enkel. Das kann auf vielerlei Art geschehen, aber es wird kein dauerndes Ausruhen sein können. Das ist auch gut so, denn mehr Aktivität und mehr Gebrauchtwerden bedeuten mehr Lebensqualität und für viele von uns dadurch nicht nur ein erfüllteres, sondern auch ein längeres Leben.

Unser längeres und gesünderes Leben wird die Chance in sich bergen, unsere Lebenszeit nicht mehr in Ausbildung, Erwerbsarbeit und Ruhestand dritteln zu müssen. Es wird Phasen des Lernens, verteilt auf das ganze Leben geben. Phasen der Voll- und Teilzeitarbeit und der Rückkehr wieder zur Vollzeitarbeit bis ins hohe Alter und Phasen der Privatheit ebenfalls auf das ganze Leben verteilt. Manche Zeiten, wie Zeiten der Kindererziehung, werden sozial abgesichert, andere, die wir nur für uns selbst verwenden nicht.

Heute geborene Kinder werden erkennen, dass man 100 mögliche Lebensjahre nicht wie die 75 ihrer Eltern verbringen kann. Das Wahlrecht von Geburt an macht unsere Gesellschaft solidarischer und unsere Demokratie aufgeklärter und lebendiger.

# Zum guten Schluss

Vielleicht mag so manches im letzten Kapitel doch etwas im Rudolf Wassermann'schen Sinne zu utopisch erscheinen. Für ihn, den ich eingangs erwähnt habe, ist die Utopie ein unrealistischer Wunschtraum, nicht ausführbar und von der Mehrheit der Bevölkerung weder gewünscht noch gewollt. Ich halte es beim Begriff der Utopie mehr mit Thomas Morus, Ernst Bloch und Robert Jungk. Thomas Morus, dessen Utopien zwar heute nicht mehr die unseren sind, der aber die politische Utopie entwickelt hat, die die herrschenden Verhältnisse umfassend kritisiert und eine schlüssige Alternative entwirft, hat es uns vorgemacht. Nichts anderes tut das Wahlrecht von Geburt an. Ernst Bloch hat die Utopie als das »Denken nach vorn« bezeichnet, nichts anderes tut die Forderung nach einem Wahlrecht von Geburt an.

Und für Robert Jungk waren Utopien »Antrieb für soziale Erfindungen in einer wünschenswerten Zukunft« und insoweit Bestandteil seiner Zukunftswerkstätten.

So verstanden, wäre ich stolz darauf, zu einer solchen Utopie mit diesem Buch beigetragen zu haben.

Wie deutlich geworden ist, befürchte ich keinen »Krieg der Generationen«, wie sollte der auch aussehen? Auseinandersetzungen – nicht Kriege – werden eher weiterhin zwischen den zahlreicher werdenden Armen und den ebenfalls zahlreicher werdenden Reichen stattfinden, wenn wir nicht wie in Skandinavien gegensteuern und endlich erkennen, dass mehr Gleichheit mehr Wohlstand und mehr Wachstum bedeutet. Aber dies wird ausnahmsweise nicht durch ein Wahlrecht von Geburt an erreicht werden können.

Ich befürchte kein Gegeneinander der Generationen, sondern eine Stagnation und ein zunehmendes Erstarren der Gesellschaft, wirtschaftlich, sozial, kulturell und politisch. Auch dagegen ist das Wahlrecht von Geburt an kein Allheilmittel, aber Teil einer erfolgreichen Therapie.

Der Verfassungsrechtler Herbert von Arnim sprach vom Wahlrecht von Geburt an als von einer echten Innovation für die deutsche Demokratie und die Financial Times Deutschland meinte, es komme, um es durchzusetzen, jetzt auf den Mut und die Beharrlichkeit der Reformer an.

Recht haben sie, also lasst unsere Kinder endlich wählen!

# Danksagung

Eine unbedachte Äußerung von mir bei Maybritt Illner trug mir die Verpflichtung dieses Buch zu schreiben ein. Zuerst war es ein Muss, dann doch eine Freude und zwischendrin immer wieder auch eine Last. Ich danke deshalb zuerst Herrn Dr. Martin Scherer für die Anregung und Begleitung dieses Buches. Nachdem ich alles mit der Hand schreibe, brauche ich hilfreiche Menschen, die das dann abtippen. Ich danke Elke Bauer für diese Unterstützung meiner vorsintflutlichen Arbeitsweise und ihr gleichzeitig kritisches und aufbauendes Mitlesen. Für Letzteres danke ich auch meinem Mann, meinem Sohn Alexander und meinem Lektor Uwe Globisch für seine kenntnisreiche Unterstützung.

Ohne zusätzliches Material und kompetente Lektüre wäre dieses Buch nicht möglich gewesen. Ich danke bekannterweise Lore Maria Peschel-Gutzeit für Material und Hinweise und unbekannterweise Dr. Isabel Rupprecht, die mir mit ihrem lesenswerten Buch »Das Wahlrecht für Kinder« über manche Klippe hinweggeholfen hat und Udo Hermann für seine Tipps und Anregungen.

# Literatur

Udo Hermann: »Ökonomische Analyse eines Kinderwahlrechts«, Südwestdeutscher Verlag für Hochschulschriften, Saarbrücken.

Bettina Munimus: »Ältere – Taktgeber in der alternden Gesellschaft« erschienen in Aktuelle Politik und Zeitgeschehen 5/2013.

Lore Maria Peschel-Gutzeit: »Wahlrecht von Geburt an« erschienen u. a. in »Frühe Kindheit«, Zeitschrift der Deutschen Liga für das Kind.

Isabel Rupprecht: »Das Wahlrecht für Kinder« Studien zum öffentlichen Recht, Nomos Verlagsgesellschaft, Baden-Baden.

FAZ 2005/2006: Grundkurs Demografie dort u. a. Zitate von Herwig Birk, Ärzte-Zeitung online Sept. 09.

DER SPIEGEL 38/09: Zitate zur Wahlberechtigung, Demenz und Betreuung.

# Wiederkehr der Götter?

MARK LILLA

DER
TOTGEGLAUBTE

GOTT

Politik im Machtfeld
der Religion

Mark Lilla
DER TOTGEGLAUBTE GOTT
Politik im Machtfeld der Religion
ISBN 978-3-466-37072-6

Mark Lilla zeichnet in seinem international viel
beachteten Buch den langen und opferreichen
Weg zum säkularen, aufgeklärten Staat nach und
plädiert für die konsequente Verbannung des
Religiösen aus der politischen Sphäre.

KÖSEL